LA EUCARISTÍA *7* **W9-BJE-104**

EL MISTERIO CRISTIANO

TEOLOGÍA SACRAMENTAL

6

LA EUCARISTÍA

Por J. DE BACIOCCHI

BARCELONA

EDITORIAL HERDER

1979

J. DE BACIOCCHI

LA EUCARISTÍA

BARCELONA
EDITORIAL HERDER
1979

Traducción de la comunidad de religiosas del monasterio de San Benito (Montserrat), de la obra de
J. DE BACIOCCHI, *L'Eucharistie*,
Desclée & Co, Tournai

Tercera edición 1979

IMPRÍMASE: Barcelona, 15 de diciembre
Dr. JOSÉ M. GUIX, Vicario General

ISBN 84-254-0816-4

ES PROPIEDAD   DEPÓSITO LEGAL: B. 17.121-1979   PRINTED IN SPAIN

GRAFESA - Nápoles, 249 - Barcelona

ÍNDICE DE MATERIAS

Índice de materias

Índice de materias

LISTA DE ABREVIACIONES

Diccionarios, colecciones y revistas

AAS   *Acta Apostolicae Sedis,* Roma, después Ciudad del Vaticano 1909ss.

AmiCl   «L'Ami du Clergé», Langres 1878ss.

BAC   Biblioteca de Autores Cristianos, Madrid.

BLE   «Bulletin de littérature ecclésiastique», Toulouse, 1899ss.

Catholicisme   *Catholicisme, hier, aujourd'hui, demain,* enciclopedia publicada bajo la dirección de G. JACQUEMET, París 1948ss.

CCL   *Corpus Christianorum collectum a monachis O.S.B. abbatiae S. Petri in Steenbrugge, Series latina,* Brepols, Turnhout 1954ss.

CIC   *Codex Iuris canonici,* Roma, 1917.

COD   *Conciliorum oecumenicorum decreta,* publicado bajo la dirección de H. JEDIN, Herder, Bolonia 1962.

CSEL   *Corpus scriptorum ecclesiasticorum latinorum,* Viena 1866ss.

Dz   H. DENZINGER - A. SCHÖNMETZER S. I., *Enchiridion symbolorum, definitionum et declarationum de rebus fidei et morum,* Herder, Barcelona [34]1967. Citamos por números marginales; indicamos precedidos del signo † los números de las ediciones anteriores a la 32, que corresponden a los de la versión castellana: *El magisterio de la Iglesia,* Herder, Barcelona [3]1963.

DBS   *Dictionnaire de la Bible, Supplement,* publicado bajo la dirección de L. PIROT, A. ROBERT, H. CAZELLES y A. FEUILLET, París 1928ss.

DS   *Dictionnaire de spiritualité ascétique et mystique,* publicado bajo la dirección de M. VILLER, A. RAYEZ, CH. BAUMGARTNER, París 1937ss.

DTC   *Dictionnaire de théologie catholique*, publicado bajo la dirección de A. VACANT, E. MANGENOT y E. AMANN, París 1903-1950.

Ét. Bibl.   *Études bibliques*, colección dirigida por la Escuela Bíblica de Jerusalén, Gabalda, París.

Flor. Patr.   *Florilegium patristicum*, publicado bajo la dirección de B. GEYER y J. ZELLINGER, Hanstein, Bonn.

HEFELE-LECLERCQ *Histoire des conciles d'après les documents originaux*, por CH. J. HEFELE, trad. francesa por H. LECLERCQ, París 1907ss.

KITTEL   *Theologisches Wörterbuch zum Neuen Testament*, publicado bajo la dirección de G. KITTEL y de G. FRIEDRICH, Stuttgart 1933ss.

Lum Vie   «Lumière et vie», Lyón 1951ss.

MANSI   *Sacrorum conciliorum nova et amplissima collectio*, ed. J. D. MANSI, Florencia 1757, 31 vols.; nuev. ed., París 1899-1927, 59 vols.

MSR   «Mélanges de science réligieuse», Lille 1944ss.

NRT   «Nouvelle revue théologique», Tournai 1869ss.

OCP   «Orientalia christiana periodica», Instituto Pontificio de estudios orientales, Roma 1935ss.

PG   J. P. MIGNE, *Patrologiae cursus completus, Series graeca*, París 1857-1866.

PL   J. P. MIGNE, *Patrologiae cursus completus, Series latina*, París 1844-1864.

PO   *Patrologia orientalis*, publicada bajo la dirección de R. GRAFFIN y F. NAU, París 1903ss.

RB   «Revue biblique», París y Jerusalén 1892ss.

RHE   «Revue d'histoire ecclésiastique», Lovaina 1900ss.

RHPR   «Revue d'histoire et de philosophie religieuse», Fac. teol. protest., Estrasburgo 1921ss.

RSPT   «Revue des sciences philosophiques et théologiques», París 1907ss.

RSR   «Recherches de science religieuse», París 1910ss.

RSRUS   «Revue des sciences religieuses de l'Université de Strasbourg», 1921ss.

RT   «Revue thomiste», Toulouse y París 1892ss.

RTAM   «Recherches de théologie ancienne et médiévale», Mont-César, Lovaina 1929ss.

SC   Collection «Sources chrétiennes», París 1942ss.

Después de una breve introducción acerca de la terminología, dividimos este estudio en dos partes: la primera es una investigación positiva de los textos escriturísticos (cap. I), las liturgias y los escritos de los santos padres (cap. II). La segunda es un trabajo especulativo en el que se abordan sucesivamente el sacrificio eucarístico (cap. I), la presencia sacramental (cap. II), y la comunión eucarística (cap. III). En esta segunda parte se esbozan, a propósito de cada una de las grandes cuestiones, la historia de las doctrinas que a ellas se refieren a partir de la edad media.

BIBLIOGRAFÍA.

San Cipriano, *Epist. 63* a Cecilio (PL 4; CSEL, 3; col. «Universités de France», con trad. francesa).

San Cirilo de Jerusalén (?), *Catequesis 22* y *23* (mistagógicas 4 y 5), (PG 33; Flor. Patr. 7, con trad. latina; trad. francesa de J. Bouvet en col. «Les Écrits des Saints», Namur 1962).

San Ambrosio, *De Sacramentis* IV-V y *De mysteriis* 8-9 (PL 16; SC 25, con trad. fr.)

Santo Tomás, *Suma Teológica*, III, q. 73-83.

M. de la Taille, *Mysterium fidei**, Beauchesne 1921, ³1931.

DTC, artículos *Communion, Eucharistie, Messe, Eucharistiques (Accidents), Transsubstantiation* y art. *Eucharistie* en los índices.

DS, artículos *Communion* y *Eucharistie*.

N. B.: Los títulos seguidos de un asterisco (*) indican que la obra tiene el Imprimatur (pero no lo hemos indicado en las publicaciones de las revistas y diccionarios católicos).

PARTE PRIMERA

DATOS POSITIVOS E HISTÓRICOS

INTRODUCCIÓN

En el curso de los siglos, la eucaristía ha recibido múltiples y diversas denominaciones. Algunas recuerdan el origen del rito: *fractio panis* (κλάσις τοῦ ἄρτου; cf. Act 2,42 y Lc 24,35) evoca un elemento ritual característico; *coena dominica* (κυριακὸν δεῖπνον; cf. 1Cor 11,20) alude a la institución, y quizás también a la presencia actual de Cristo resucitado; *dominicum* (Roma y África, siglos III y IV) es muy semejante al anterior. Se refiere, ante todo, asamblea litúrgica al griego σύναξις (transcrito en latín *synaxis* o bien traducido por *collecta* en los primeros siglos); *missa* (bajo latín, por *missio* o *dimissio* y, más antiguamente, *missae, missarum solemnia*) designa la ceremonia por el rito de despedida de la misma: despedida de los catecúmenos antes de la oración consecratoria, despedida de los fieles después de la comunión. Εὐχαριστία frecuentemente transcrito *eucharistia* en latín, a veces traducido *gratiarum actio*, significa la ceremonia y las especies consagradas con el nombre de la oración consecratoria (cf. san IGNACIO DE ANTIOQUÍA, *Smyrn.* 7,1; 8,1 etc...), que sin embargo es más bien una oración de alabanza que de acción de gracias [1]; a veces

---

1. Cf. P.-P. AUDET, O.P., *Esquisse historique du genre littéraire de la Bénédiction juive et de l'Eucharistie chrétienne*, en RB, julio de 1958, p. 371-399, o también del mismo autor, *La Didachè. Instruccions des Apôtres*, Et. Bibl., 1958, p. 385-402.

se halla el sinónimo εὐλογία, mas este vocablo, sobre todo en su transcripción latina *eulogia,* pasó desde fines del siglo IV a significar una porción de pan bendito. *Sacrificium, oblatio,* son corrientes en latín, mientras que los términos griegos correspondientes (προσφορά, ἀναφορά) tienen un sentido más restringido pero igualmente eucarístico. Los griegos, sobre todo a partir del siglo IX denominan la misa λειτουργία, cuyos equivalentes en el antiguo latín cristiano son los términos *actio* y *agenda.* En atención al carácter sagrado de la acción eucarística, la hallamos también significada por el término *sacrum* (ἁγιασμός).

Notemos finalmente los vocablos relativos solamente a las especies consagradas: *corpus Christi, caro Christi* [2].

Esta revisión, aunque sumaria e incompleta, nos proporciona dos datos significativos: una gran riqueza de vocabulario y una transposición del sentido, que pasa, en muchos casos, de la acción eucarística a las especies consagradas. La riqueza del vocabulario se explica por el lugar preponderante que ya desde el primer siglo ocupaba la eucaristía en la vida de la Iglesia como reiteración de la alianza con el Señor. Santo Tomás vio en la eucaristía el sacramento central, al cual todos los demás se refieren como a su fin (III, q. 65, a. 3): el bautismo nos hace idóneos para recibir la comunión eucarística, el orden tiene como finalidad la celebración de la misa, etc... En cuanto a la transferencia de los términos de la acción a los efectos de la misma, es debida a una ley general del pensamiento humano y asimismo a la profunda estructura de la eucaristía. Precisamente a partir de la acción eucarística, memorial efectivo del acto redentor, reciben el pan y el vino una

---

2. Pueden consultarse provechosamente, acerca de los vocablos citados en este párrafo, los diccionarios especializados (en curso de publicación los dos primeros): KITTEL-FRIE-DRICH, *Theologisches Wörterbuch zum Neuen Testament;* LAMPE, *A Patristic Greek Lexicon,* Oxford 1961ss; BLAISE-CHIRAT, *Dictionnaire latin-français des auteurs chrétiens,* 1954. SOUTER, *Glossary of Later Latin to A. D. 600;* ZORELL y ZERWICK, *Lexicon Graecum Novi Testamenti,* 1931, reimpr. 1961; MOULTON-MILLIGAN, *The Vocabulary of the Greek of New Testament;* BAUER, *Griechisch-deutsches Wörterbuch zu den Schriften des NT und übrigen urchristlichen Literatur,* ⁵1958.

nueva significación y se convierten de hecho en el cuerpo y sangre de Cristo.

Tal parece ser el punto de vista escriturístico. Después de haber estudiado durante muchos años la presencia real antes de estudiar la acción que la realiza, hoy, en cambio, los teólogos — algunos de ellos por lo menos — vuelven al orden inverso, que es el que seguimos aquí [3].

---

3. El autor quiere expresar aquí su profundo agradecimiento a G. VILLEPELET, P.S.S., por los numerosos datos bibliográficos que le ha facilitado y gracias a los cuales ha podido aumentar notablemente el valor técnico de la presente obra.

CAPÍTULO PRIMERO

LOS DATOS BÍBLICOS

BIBLIOGRAFÍA.

J. JEREMIAS, *Die Abendmahlsworte Jesu*, Vandenhoeck y Ruprecht, Gotinga ³1960 (protestante) [1].

H. SCHURMANN, *Der Paschamahlbericht (Lk., 22, 15-18)**, 1953.

H. SCHURMANN, *Der Einsetzunbericht (Lk. 22, 19-20)**, Aschendorff, (Münster 1955, y *Der Abendmahlsbericht, Lukas, 22, 7-38, als Gottesdienstordung, Gemeindeordnung, Lebensordnung **, Schöningh, Paderborn 1957.

Lum Vie, 31 de febrero de 1957: *L'Eucharistie dans le Nouveau Testament*.

P. BENOÎT, *Exégèse et théologie** I, Cerf, 1961, p. 161-261.

J. LÉCUYER, *El sacrificio de la nueva alianza*, Herder, Barcelona 1968, parte tercera: *La eucaristía, sacrificio de la nueva alianza*.

M. THURIAN, *L'Eucharistie*, Delachau et Niestlé, 1959 ; trad. castellana: *La eucaristía*, Ed. «Sígueme», Salamanca 1966.

§ I. Marco histórico de la cena.

La significación de la cena se deduce particularmente del lugar que ocupa en la vida de Cristo y de su relación con la celebración de la pascua judía.

---

1. Véase la recensión dedicada a esta tercera edición por X. LÉON-DUFOUR, S.I.. RSR, julio-septiembre 1960, p. 504-506.

I. LA CENA EN LA VIDA DE CRISTO.

Jesús había tomado a su cargo reconquistar los dominios de Dios que estaban en poder de Satán; era de esperar una fuerte resistencia por parte de su adversario y los profetas de antaño presentaban instructivos precedentes a ese respecto, (Mt 5,12); lo mismo hizo Juan Bautista (Mt 17,12-13). Jesús sabe muy bien, y lo anuncia claramente a partir de la confesión de Cesarea, que sus adversarios le condenarán a muerte (Mc 8,31; 9,31; 10,33-34 par). La tercera predicción oficial de la pasión se sitúa durante la subida a Jerusalén para la última pascua; la respuesta concerniente a los primeros puestos en el reino, provocada por la ambición de los hijos del Zebedeo, ofrece la ocasión de sugerir que la profecía del siervo sufriente de Yahveh va a realizarse en Jesús (cf. Mc 10,45 e Is ·53,10-12).

El conflicto con los dirigentes judíos, latente desde hacía meses, llega a su paroxismo a partir de la entrada mesiánica de Jesús en Jerusalén el domingo de ramos y la expulsión de los vendedores del templo (Mc 11,1-19 par). En los días siguientes caracteriza Jesús su situación en forma simbólica con la narración de la parábola de los viñadores homicidas (Mc 12,1-9 par). Con todo, su muerte no será sin más el producto de la rebelión de los hombres contra Dios; será también, por parte de él, sacrificio redentor (Jn 1,29; 3,14-17). Jesús es, a par, el buen pastor, que da la vida por sus ovejas, y el verdadero cordero pascual, cuya sangre preserva del exterminador (Jn 10,11.17-18; 19,36, relacionado con Éx 12,46). Dentro de ese contexto histórico, la cena se nos presenta como una comida de despedida, en la que Cristo da cita a sus comensales para el banquete mesiánico en el reino de Dios: Mt 26,29; Jn 14,24; 16,16-22...; pero el futuro inmediato no es otro que la cruz.

II. EN SU ASPECTO CEREMONIAL ¿FUE LA CENA UN BANQUETE PASCUAL JUDÍO?'

Indicaciones favorables:

En los tres sinópticos, la narración de la cena se introduce por la descripción de la orden dada por Jesús a dos de sus discípulos, de hacer los preparativos para la pascua: Mc 14, 12-16 par.

Según Lucas, a los elementos de la pascua judía (22,15-18) suceden inmediatamente los de la eucaristía (22,19-20) durante el curso de la misma cena. A su vez Marcos y Mateo indican al final de la cena un canto de himnos en los que normalmente se reconoce el *hallel* pascual (Sal 113-118): Mc 14,26; Mt 26,30.

Indicaciones contrarias:

Juan, que nada dice de la institución de la eucaristía en su narración de la cena, no da indicación alguna que pueda sugerir fuera ésta un banquete pascual. Por el contrario, a propósito de la salida de Judas durante la cena, refiere que se creyó iba a comprar lo necesario para el banquete pascual del día siguiente (13,27-30). Además, indica el día de *parasceve* o preparación de la pascua como fecha del proceso y crucifixión de Jesús (18,28; 19,14.31). Notemos finalmente 19,36, que pone a Jesús crucificado en relación con su figura, el cordero pascual (cf. Éx 12,46).

Conclusión:

A pesar de las más ingeniosas tentativas, parece imposible conciliar las dos cronologías. Hipótesis conciliadoras han sido propuestas desde principios de nuestro siglo [2]: Jesús debió

---

2. La más reciente y al parecer la más autorizada es la de A. JAUBERT, *La date de la Cène — Calendrier biblique et liturgie chrétienne**, Gabalda 1957. Véanse con todo

de celebrar la pascua antes de la fecha oficial adoptada en Jerusalén, o bien por conveniencia personal y en virtud de su autoridad suprema, o tal vez por adhesión a un calendario distinto del oficial y más antiguo, del que pueden verse rastros en distintos textos judíos (bíblicos o no) y en particular en los manuscritos del mar Muerto. Sin embargo, esta última explicación no parece muy convincente teniendo en cuenta la independencia habitual de Cristo respecto a los ritos judíos y a las rúbricas farisaicas.

En definitiva, resulta difícil determinar si la cena tuvo o no como marco un banquete pascual judío. Pero sabemos con toda seguridad que el sacramento cristiano fue instituido por Cristo en el período de las fiestas pascuales y que su significado es tributario del de la pascua judía [3]. En esto las dos distintas tradiciones, la de Juan y la de los sinópticos convergen notoriamente; de todos modos, está fuera de duda que el sacrificio de Cristo realiza lo que prefiguraba la inmolación del cordero pascual: la cena es el banquete de la nueva pascua.

§ II. El trasfondo judío: la cena pascual y los demás banquetes religiosos [4].

Haya sido la cena un banquete pascual o no, es poco probable que el ritual de la eucaristía esté inspirado en el de la pascua judía, cuyo ritmo era estrictamente anual. Por el contrario, la estructura del banquete pascual y el modo peculiar de su significación religiosa probablemente debió influir en la sacramentalidad eucarística.

---

las reservas de P. BENOÎT, en RB, 1958, p. 590-594 (= *Exégèse et théologie**, Èd. du Cerf, 1961, t. I, p. 255-261).

3. Cf. JEREMIAS, *Die Abendmahlsworte Jesu*, Vandenhoek und Ruprecht, Gotinga 1960, p. 82: aún celebrada en la víspera de la pascua, la última cena de Jesús estuvo penetrada de la atmósfera pascual.

4. Cf. J. COPPENS, *Eucharistie**, DBS II, col. 1157-1163; H. CHIRAT, *L'Assemblée chrétienne à l'âge apostolique**, Cerf, 1949, p. 171-187; G. VERMÈS, *Les manuscrits du désert de Juda**, Desclée et Cie, 1953, p. 42-43 y 59-61; J. SCHMITT, *Les Écrits du Nouveau Testament et les textes de Qumrân*, RSRUS, 1956, p. 274-279.

I. LOS BANQUETES RELIGIOSOS JUDÍOS.

Los banquetes religiosos judíos que inspiraron el *ceremonial* de la eucaristía primitiva, fueron, con toda probabilidad, las comidas de *habûra* (cofradía religiosa o de caridad, grupo de discípulos de un determinado maestro...). Después de un servicio preliminar (que servía de «aperitivo») y de las abluciones prescritas, el que presidía la mesa pronunciaba sobre el pan la bendición inaugural, a la cual los comensales respondían: *Amen,* luego partía el pan y lo distribuía. Durante la comida cada uno, por su cuenta, daba gracias a Dios por el vino que bebía o los frutos que comía. Después de las abluciones finales, el que presidía la mesa tomaba la «copa de bendición», y dirigía a Dios una larga oración precedida de un breve diálogo introductorio. Esta oración se dividía en tres partes: acción de gracias por los bienes creados, acción de gracias por el éxodo y la alianza, demanda de asistencia y protección divinas (esta tercera parte es posterior a Cristo, sin que pueda precisarse su época). A continuación la copa circulaba de boca en boca y, después de cantar un salmo, los asistentes se separaban. Las más antiguas oraciones eucarísticas (Doctrina de los doce apóstoles, san Justino, *Tradición apostólica)* presentan muchas analogías con la acción de gracias de una comida de *habûra,* principalmente en su segunda parte. Esta analogía confirma aquella que pone en relación esas comidas judías con la eucaristía primitiva, que solía celebrarse, con toda probabilidad, durante una comida profana («fracción del pan», al principio; «copa de bendición», al final). Cf. infra § IV.

II. ESTRUCTURA RELIGIOSA DE LA CENA PASCUAL.

El banquete pascual requería no pocos preliminares: primera copa, sobre la cual el presidente de la mesa bendecía a Dios por la fiesta y por el vino; primera ablución; explicación del rito y del simbolismo del pan ácimo (cf. Éx 12,39),

25

de las hierbas amargas y del cordero pascual; canto del salmo 113; segunda ablución. La comida propiamente dicha empezaba con una bendición pronunciada sobre el pan por el que presidía la mesa; después del *amen* de los comensales, el presidente partía el pan y lo distribuía. A continuación se comía el cordero con hierbas amargas y pan ácimo, bebíase la segunda copa y luego tomaban la cena profana. Hecha la limpieza de la mesa y pavimento y la ablución de las manos, la «copa de bendición» era presentada al presidente quien profería sobre ella una acción de gracias; los comensales respondían con el canto final del *hallel:* Sal 114-118. Por último se escanciaba una cuarta copa; aunque es incierto que estuviera ya en uso en la época de Cristo.

El banquete pascual no tenía sólo por objeto evocar la liberación de los hebreos cautivos en Egipto, intentaba además actualizar la participación de sus descendientes en aquella liberación. «En la cena pascual, la redención no era únicamente explicada en una forma impresionante como un acontecimiento de los tiempos pasados, sino que se hacía presente como un hecho en el que cada comensal tomaba parte. Cada individuo asistía a una redención de la cual él mismo era objeto y cuyos beneficios recibía» [5].

De ahí la obligación de masticar bien y gustar las hierbas amargas con el fin de participar en la aflicción de los padres antes de compartir su liberación. De ahí también el precepto ritual de Éx 13,8: «Dirás entonces a tus hijos: Esto es en memoria de lo que por *mí* hizo Yahveh al salir *yo* de Egipto.»

Si el «memorial» *(zikkarōn)* pascual rememora el pasado, es con el fin de volver a encontrar su permanente actualidad: la asistencia continua y omnipotente de Dios en medio de su pueblo, con miras a asegurarle la salvación y encaminarlo hacia la liberación mesiánica. Israel rememora su pasado con la convicción de que Dios, después de haber realizado las mara-

---

5. F.J. LEENHARDT, *Le Sacrement de la Sainte-Cène,* Delachaux et Niestlé, 1948, página 17.

villas del éxodo y ordenado el rito conmemorativo, «se acuerda» eficazmente de su pueblo (cf. Lc 1,54.72). Yahveh se compromete personalmente en esta celebración por él instituida: él mismo realizará la gran liberación que el éxodo prefiguraba y prometía; hele ahí, presto a derramar sobre los gentiles los castigos y sobre Israel las bendiciones mesiánicas, simbolizadas en las copas de la cena pascual [6].

§ III. Los relatos de la institución.

Cuatro textos clasificados en dos grupos: por una parte, 1Cor 11,23-25 y Lc 22,14-20; por otra, Mc 14,22-25 y Mt 26, 26-29.

I. PROBLEMAS DE CRÍTICA TEXTUAL Y LITERARIA RESPECTO A LC 22,15-20 [7].

1) *Autenticidad de los versículos 19b-20* (últimas palabras de Cristo sobre el pan eucarístico: *que es entregado por vosotros; haced esto en memoria mía;* y todo lo que se refiere a la copa de la nueva alianza en la sangre, la segunda copa en Lucas).

La lectura más extensa, que incluye este versículo y medio, y que es el texto recibido, se halla atestiguada por la casi totalidad de los manuscritos griegos y en no pocas versiones latinas. La lectura (que omite el pasaje) tiene en su favor el códice uncial D y siete manuscritos de la antigua versión latina (texto «occidental»). Las versiones siríacas, diversamente conciliadoras, son, por lo mismo, secundarias. El problema que se plantea consiste, pues, en saber si la redacción primitiva es la extensa o la breve; cuestión importante, pues la autenticidad

---

6. Cf. M. THURIAN, *L'Eucharistie*, Delachaux et Niestlé, 1959, p. 19-170.
7. Cf. P. BENOÎT, O.P., *Le récit de la Cène dans Luc 22,15-20*, en RB, 1939, p. 357-393, o también en *Exégèse et Théologie**, Cerf, 1961, t. I, p. 163-209.

de la forma breve supondría en Lucas una práctica eucarística bastante rara: orden inverso de la copa y del pan, quedando reducida la bendición de la copa al anuncio del reino.

La crítica externa se inclina a favor del texto recibido. La crítica interna, por el contrario, a primera vista parece inclinarse por la lectura breve: fórmula más corta y más difícil (esquema no conformista de la cena), de tal modo que *a priori* su evolución hacia el texto recibido es más verosímil que el proceso inverso; además, lo propio de la forma extensa puede provenir sin dificultad de 1Cor, con algunos detalles tomados de Mc; por último, el estilo de los versículos en cuestión contrasta con el que usa Lucas, habitualmente esmerado: omisión del verbo ἀστι en el v. 2*b* (Lc raramente lo omite y, además, se encuentra en el paralelo, 1Cor 11,25) y, lo que es peor, el solecismo del final del v. 20, donde la aposición τὸ ὑπὲρ ὑ- μῶν ἐκχυνόμενον (que es derramada por vosotros) está en nominativo, siendo así que se refiere al dativo αἵματι.

Estos argumentos de crítica interna no tienen la solidez que aparentan: una lectura «más breve y más difícil» sólo goza de una presunción de autenticidad; en cuanto al estilo no lucano, se explica suficientemente por el hecho de que un texto litúrgico como el presente es mucho más probable que haya sido tomado tal cual de la práctica litúrgica de una comunidad cristiana, sin que el escritor sagrado se parase en retoques literarios. Si Lucas encontró en las Iglesias de Siria fórmulas gramaticales incorrectas (véase Ap 1,4-6, etc...) pudo muy bien, por respeto a la tradición, transmitirlas intactas.

Puede argüirse además, en favor del texto recibido, la homogeneidad y equilibrio de su composición: sería del todo excepcional que una interpolàción nos diese un texto más perfecto que el original, sobre todo si su autor es Lucas. Tenemos pues buenas razones para conservar como auténtica la lectura más extensa, admitiendo que el texto breve pudo derivarse de la misma, bien por un accidente material de transcripción, bien por preocupaciones apologéticas.

2) *Composición de Lc 22,15-20.*

Esta perícopa tiene una construcción culta, con una doble simetría. Primeramente la simetría global de la pascua judía (v. 15-18) y de la eucaristía (v. 19-20) contienen un elemento sólido y un elemento líquido en ambos términos. Luego, en cada uno de los términos paralelos, simetría entre las palabras pronunciadas sobre cada uno de los dos elementos: el cordero pascual (τὸ πάσχα) y la copa pascual prefiguran y anuncian el banquete del reino; el pan y el vino se dan *a los* discípulos, convertidos respectivamente en cuerpo y sangre de Cristo entregados *por los* discípulos. Esa construcción indica un sólo y mismo autor desde el principio hasta el fin, sin excluir en manera alguna las fuentes litúrgicas que pudo haber tenido Lucas: Pablo, Marcos y la tradición palestina explican los semitismos tales como: τὸ πάσχα φαγεῖν y ἐπιθυμία ἐπεθύμησα (v. 15).

II. COMPARACIÓN DE LOS CUATRO RELATOS [8].

Notemos ante todo la introducción de Pablo, 1Cor 11,23: «Pues yo recibí del Señor lo mismo que os transmití a vosotros» se refiere no precisamente a una revelación directa de Cristo resucitado, sino a un proceso de tradición que desde Cristo llegaba a los corintios a través de los comensales de la cena [9] y de Pablo. Dedúcese esto primeramente de la simetría de los verbos παραλαμβάνω y παραδίδωμι (cf. 1Cor 15,3) y secundariamente del καί que acompaña al pronombre relativo; la preposición ἀπό indica el origen de la información retransmitida; sin excluir la revelación hecha directamente a Pablo, conviene mejor a un procedimiento indirecto.

El Señor Jesús, la noche en que lo entregaban... El estilo es litúrgico más que narrativo: la aplicación es cultual (cf. 1Cor 12,3; Flp 2,11). Puede verse aquí un indicio del origen

---

8. Será muy provechoso hacerla siguiendo una sinopsis evangélica.
9. Pablo se encontró en Jerusalén con algunos de ellos: cf. Act 9,27; Gál 1,18-20.

litúrgico de este relato y la afirmación del vínculo existente entre cruz y eucaristía.

Señalemos de paso otro elemento sin paralelos: Lc 22,15-18 relativo a la celebración de la pascua judía. En los otros dos sinópticos el anuncio de la traición de Judas precede inmediatamente a la institución de la eucaristía (Mt 26,20-25; Mc 14, 17-21), la cual es introducida por la indicación circunstancial: *mientras estaban comiendo.*

Entonces Jesús tomó un pan y pronunció una bendición ritual cuyo texto no ha llegado hasta nosotros y que Mt y Mc denominan mediante el verbo εὐλογεῖν, Pablo y Lucas con εὐχαριστεῖν (prácticamente sinónimo del anterior en el griego bíblico) [10]: no se trata de bendecir el pan en el sentido actual del término, sino de bendecir a Dios por causa del pan. Seguidamente el Señor rompió el pan y lo distribuyó a los discípulos diciendo, según Mt y Mc: *Tomad* (Mt añade: *comed),* según los cuatro relatos: *Esto es mi cuerpo,* Lc y Pablo añaden: *que es (entregado,* sólo en Lc) *por vosotros; haced esto en memoria mía.* La distribución del cáliz la introducen Lc y Pablo con una fórmula global: *Y lo mismo hizo con la copa, después de haber cenado;* indicación circunstancial que coincide con el momento de la copa, la «copa de bendición», tanto en la cena pascual, como en la comida de *habûra.* Lo que se ha resumido en la fórmula *lo mismo* (ὡσαύτως) se explica en Mt y Mc: *Tomó luego una copa* y, recitando la acción de gracias (εὐχαριστήσας), *se la dio.* Los dos evangelistas refieren a continuación la absorción del contenido de la copa por los discípulos, en dos formas distintas: Mc la incorpora al relato *(y bebieron todos de ella);* Mt, a las palabras de Jesús *(bebed todos de ella...)* lo que perfecciona la simetría con las palabras relativas al pan.

La fórmula de presentación de la copa aparece diversamente equilibrada en las dos tradiciones. Mc y Mt ponen en boca

---

10. Cf. J.P. AUDET, *Esquisse historique du genre littéraire de la «bénédiction» juive et de l'«eucharistie» chrétienne,* en RB, 1958, p. 399.

de Jesús: *Esto es mi sangre; la de la alianza,* que se derrama por muchos *(para perdón de los pecados,* añade Mt). Pablo y Lc escriben: *Esta copa es la nueva alianza en mi sangre (que es derramada por vosotros,* añade Lc). Sólo Pablo añade aquí una nueva orden de reiteración: *Cuantas veces bebáis, haced esto en memoria mía.*

En ningún caso hay completa simetría con las palabras relativas al pan.

La tradición de Pablo y Lc tiene como propio la orden de la perpetuación, en cambio sólo la otra tradición de «muchos» (hebraísmo por «todos») que obtendrán el beneficio de la alianza, y pone, a continuación de la fórmula eucarística de la copa, las palabras escatológicas que se refieren, según Lc, a la copa de la pascua judía (cf. Mc 14,25 y Mt 26,29 con Lc 22,18).

En cuanto a la significación esencial del contenido de la copa, Pablo y Lc cargan el acento con fuerza sobre alianza (precisando «nueva»; cf. Jer 31,31-34); Mc y Mt, por su parte, subrayan el término *sangre,* inspirándose en la fórmula ritual usada por Moisés al instituirse la primera alianza (cf. Éx 24,8).

III. CONTENIDO DOCTRINAL DE LOS TEXTOS NARRATIVOS.

1. *Significado humano del pan y el vino tomados en común.*

En Palestina, el pan constituye el principal alimento, tanto es así que con el nombre de pan se designa cualquier clase de manjar; partir con otro su pan significa compartir con él los medios de subsistencia, darle, por consiguiente, una prueba real de amistad. El vino, más o menos usual según los recursos, es la bebida festiva que «alegra el corazón del hombre», (Sal 104,15), especialmente en los banquetes sacrificiales, en las fiestas de boda (cf. Jn 2,1-11), y que aumenta la alegría común uniendo a los comensales entre sí. En la cena, Jesús es el núcleo central de unidad fraterna, es él quien distribuye el pan y el vino: es el maestro que comunica a sus discípulos fuerza, alegría y unión, encaminándolos, a través de su sacrificio de alianza y expiación, hacia el banquete festivo del reino (cf. Is 25, 6-8...). Los discípulos, por su parte, al comer y beber, ponen por obra la más completa apropiación que pueda darse, pues las cosas comidas o bebidas no son meramente anexas al *haber* de un sujeto, sino incorporadas a su mismo *ser,* formando un todo con él. Es completamente normal presentar los dones divinos, que demuestran relación con la vida humana en lo que tiene de más esencial, bajo símbolos o figuras de alimentos y bebidas: el fruto del árbol de la vida, el agua viva, el maná, el banquete mesiánico, el banquete de la sabiduría, etc... (cf. Éx 24,11). Lejos de suprimir ese simbolismo bíblico de la comida en común (sobre todo de la cena pascual), la institución de la eucaristía, lo confirma y le da mayor relieve al conferirle un contenido más profundo.

2. El cuerpo y la sangre.

El binomio cuerpo y sangre es sugestivo. En realidad nos pone ante una doble incertidumbre: por una parte, lo hemos visto ya, las dos tradiciones referentes a la cena no están acordes acerca del segundo miembro del paralelismo: ¿es éste la sangre o la alianza? Como quiera que sea, en lo que están acordes es en subrayar el oficio sacrificial de la sangre, no su función biológica. Respecto al otro miembro, que nuestros cuatro textos llaman *cuerpo* (σῶμα), los exegetas dudan u opinan diversamente acerca del original semítico: ¿hay que leer *bāsār* (o su homólogo arameo) o bien *gūph* (id.)? El texto griego sugiere este último término; pero san Juan usa σάρξ (Jn 6,51-58), que sólo puede traducir *bāsār,* y nada más clásico en la Escritura que el binomio carne y sangre para significar la realidad íntegra del hombre en su frágil condición (cf. Mt 16,17; Jn 1,13; Ef 6,12).

Otro binomio posible sería: cuerpo *(gūph)* y alianza en

la sangre: don de la persona entera, por una parte, de la redención en acto, por otra.

3. Las fórmulas de presentación [11].

1) *Esto es mi cuerpo:* «Esto» (τοῦτο) es sujeto y designa el pan partido y entregado a los discípulos, no el mismo Jesús, ni la acción de partir el pan (símbolo de la pasión). Tanto aquí como en la fórmula del cáliz el verbo «ser» puede entenderse en el sentido de «representar» (cf. Ez 5,5; 1Cor 10,4...). Pero en la misma medida en que la acción de Cristo en la cena era una acción profética análoga a la de los antiguos profetas hebreos, su simbolismo quería ser eficaz, realizar lo que significaba. Jesús no se contenta con anunciar su pasión y la eficacia salvadora de la misma, quiere significar además su voluntad de que se beneficien de ella todos los que coman de este pan y beban de este cáliz, ya sea en la cena, ya sea en las repeticiones posteriores por él prescritas: «Dentro de la lógica sacrificial, no se establece verdadera alianza sin una comunión con la misma víctima» [12]. Esta interpretación se confirma además por el paralelismo de estructura con la cena pascual judía y por la orden de reiteración, que sugieren, ambas, una institución sacramental, y por ende eficaz. Como veremos, Pablo y Juan la adoptaron decididamente.

Cualquiera que sea el substrato semítico del vocablo «cuerpo», aquí citado, la idea es siempre la misma: «Comed mi cuerpo sacrificado por vosotros como un factor esencial de vuestra vida, como una garantía decisiva de participación en el banquete del reino» (el aspecto sacrificial del don, incluido en el simbolismo de la fracción, adquiere mayor relieve con las palabras que añaden Pablo y Lucas).

---

11. Cf. J. DUPONT, O.S.B., *«Ceci est mon corps», «Ceci est mon sang»,* en NRT, 1958, p. 1025-41.
12. J. DUPONT, art. cit., p. 1040.

2) Fórmula en Mc y Mt sobre la copa: *Esto es mi sangre, la de la alianza* es una fórmula difícil en nuestra lengua; difícil también, quizás más aún, en griego y en arameo. Lo cual no nos autoriza a poner en duda que Cristo la utilizara, tanto menos cuanto su contenido reaparece en Pablo y Lucas con una perspectiva casi igual. «Esto» designa el contenido de la copa. El verbo «ser» debe entenderse como se ha dicho antes, a propósito del pan. Cristo invita a sus discípulos a recibir la sangre de la (nueva) alianza con una adhesión superior a la de los hebreos cuando Moisés, rociándolos con la sangre de las víctimas, dijo: «Esto es la sangre de la alianza que Yahveh ha hecho con vosotros conforme a todas estas palabras» (Éx 24,8). Bebiendo de esta copa, los discípulos, por su adhesión, entran a formar parte de la alianza que la humanidad, en la persona de Cristo que acepta la muerte, pacta con Dios; y esta muerte se presenta aquí en términos sacrificiales (Mt añade al sacrificio de alianza el de expiación). La dificultad esencial de esta fórmula está en la invitación a beber la sangre, es decir, a violar uno de los preceptos más absolutos de la Ley (cf. Act 15,29); con todo, la dificultad queda notablemente atenuada por el modo peculiar de la absorción.

3) Fórmula en Pablo y Lc sobre la copa: el acento carga, no sobre la sangre, medio ritual de sellar la alianza, sino sobre la misma alianza subrayando, con más fuerza aún que Mc y Mt, la función cultual, y no directamente psicológica, que se atribuye aquí a la sangre de Cristo. Sin embargo, en su sentido profundo, la fórmula coincide con la de Mc y Mt. Aunque Pablo, en su orden de reiteración, diga sencillamente: «cuantas veces bebáis, haced esto en memoria mía», tenemos sobrada razón para entenderlo como si dijera: «cuantas veces bebáis *de ella*...» En cuanto a la «memoria» aquí aludida, hay que entenderla sin duda alguna en el sentido de «memorial» *(ziqqāron)* análogo al del banquete pascual judío (cf. supra).

4) La frase escatológica que Mc y Mt relacionan con la copa de distinta manera que Lc, pone de manifiesto la eucaristía como prefiguración y anuncio del banquete del cielo: ¿no se recibe en ella, ya desde ahora, aquel cuya presencia operante constituye lo esencial tanto de la gloria como de la vida de gracia?

§ IV. La eucaristía en la Iglesia naciente.

I. INDICACIONES DE LOS HECHOS DE LOS APÓSTOLES [13].

Dos referencias acerca de la «fracción del pan» en 2,42-47. No puede tratarse aquí de una comida ordinaria, supuesto el carácter religioso de la perícopa. En rigor podría significarse una refección de *habüra,* propia de los cristianos, tomada en un clima de fraternidad y de fervor mesiánico («alegría y sencillez de corazón»: v. 46; en realidad, ἀγαλλίασις tiene un sentido más preciso que «alegría», es el alborozo de la comunidad de los elegidos que ven acercarse la salvación total) [14]. La hipótesis de una «eucaristía seca», propuesta hace algunos decenios por Lietzmann [15], es hoy rechazada. La mayoría de los autores reconocen la eucaristía en la «fracción del pan» de los Hechos. Probablemente fue también una celebración eucarística la cena que tuvo lugar en Filipos después de la milagrosa liberación de Pablo y Silas, y del bautismo del carcelero, cuando éste «les puso la mesa» y se «regocijó» (verbo ἀγαλλιάομαι) con toda su familia, de haber creído en Dios: 16,32-34.

Fácilmente descubrimos nuestro sacramento en la vigilia

13. Cf. P.H. MENOUD, *Les Actes des Apôtres et l'Eucharitie,* en RHPR, 1953, p. 21-36.

14. Cf. R. BULTMANN, ἀγαλλιάομαι, ἀγαλλίασις, en KITTEL I, p. 18-20.

15. LIETZMANN, *Messe und Herrenmahl, Eine Studie zur Geschichte der Liturgie,* Bonn 1926, p. 239-240; véase, por ejemplo, en W. GOOSSENS, *Les origines de l'Eucharistie, Sacrement et Sacrifice*,* Beauchesne 1931, p. 90-91, resumen de su posición acerca de esa cuestión.

dominical habida en Tróade, «congregados el primer día de la semana para partir el pan» (20,7-11. Los largos discursos de Pablo, que encuadraban la cena, indican claramente el clima de la misma; por otra parte el giro del v. 11 sugiere que el rito de la fracción del pan incoaba la cena, sin excluir que la «copa de bendición» (pasada en silencio) la terminase.

En cuanto a la comida general religiosamente comenzada por Pablo en la nave que los conducía a Roma, antes del naufragio (27,33-36), es dudoso que tuviera un carácter sacramental, a pesar de la terminología.

Hay que concluir con el P.H. Menoud [16]: «Las referencias alusivas a la cena figuran en los textos pertenecientes a las más antiguas tradiciones que pudo reunir el autor de los Hechos» (primer «sumario» sobre la primitiva Iglesia, secciones «nosotros» o su contexto inmediato en la narración de los viajes de Pablo).

II. EL CAPÍTULO 10 DE I CORINTIOS.

1. *El contexto.*

Los capítulos 8-10 tratan de las carnes inmoladas a los ídolos; en sí no está prohibido comerlas, puesto que son manjares como los demás; sin embargo, hay que evitar a toda costa que la libertad de los cristianos más cultos se convierta en escándalo para los débiles (8-9). En 10,1-13, Pablo ilustra su pensamiento con un ejemplo bíblico. Cuando el éxodo (figura de los tiempos mesiánicos), los padres, *todos,* gozaron de los beneficios y prodigios con que se manifestaba la especial benevolencia divina a favor de ellos: paso a través del mar Rojo y bajo la nube, prefiguración del bautismo, maná y agua de la roca, prefiguración de la eucaristía. Sin embargo solamente *unos pocos* llegaron al término del viaje, a la tierra prometida, los demás provocaron la cólera divina con sus pecados,

---

16. Art. cit., p. 34.

en particular con sus prácticas idolátricas (becerro de oro: cf. v. 7 con Éx 32,6). Las conclusiones prácticas se dan un poco más adelante, 10,23-33: pueden comerse libremente las carnes que se venden en el mercado o que se sirven a la mesa en caso de ser invitados sin preocuparse de indagar si han sido o no inmoladas a los ídolos; mas si en el convite se indicase que las carnes han sido sacrificadas, hay que abstenerse de ellas para no dar lugar a creer que un cristiano puede tomar parte en los cultos paganos.

2. *Pasaje esencial.*

El capítulo 10,14-22, afirma la incompatibilidad de la práctica eucarística con la participación en los sacrificios paganos (lo cual se confirma y agrava con el argumento sacado del Éxodo).

Tras dos versículos introductorios (14-15), sigue la base del raciocinio: «*La copa de bendición* que bendecimos, ¿no es acaso comunión con la sangre de Cristo? El pan que partimos, ¿no es acaso comunión con el cuerpo de Cristo?» (v. 16). La frase técnica referente a la copa procede del judaísmo, de ahí que no resulte superflua la precisión ulterior: «que bendecimos». Estas dos proposiciones sólo mediante una metonimia aparecen inteligibles: el sujeto significa una cosa, el atributo, una acción o un estado del sujeto (χοινωνία: unión estrecha con...). La traducción podría ser: «La copa... ¿no es acaso (medio de) comunión...?» Puesto que son las acciones, con preferencia a las cosas, lo que constituye el centro de interés de los versículos siguientes, es mejor, al parecer, situar la metonimia en la parte del sujeto: «La (libación de la) copa... ¿no es acaso comunión...?» Beber de esta copa, comer de este pan, es entrar en comunión con Cristo, cuerpo y sangre: lo cual presupone un vínculo muy estrecho entre Cristo y los signos sacramentales. La estructura gramatical y la puntuación del v. 17 se prestan a discusión, mas no por eso queda menos claro su significado: la unión con Cristo de cada uno de los comulgantes los une a todos en un solo cuerpo (cf. 1Cor 12). Los sacrificios judíos a que alude el v. 18 son probablemente los que fueron inmolados al becerro de oro, más bien que pertenecientes al culto de Yahveh [17]. Los v. 19-20 ponen manifiestamente el acento sobre las acciones: aunque los idolotitos no pasen de ser carnes como las demás, indiferentes en sí, su carácter cultual prohíbe a los cristianos comerlas para no entrar en comunión con los demonios [18]. Hay que escoger entre la copa del Señor y la de los demonios, bajo pena de incurrir en la cólera del Señor (v. 21-22).

Guardémonos de convertir el paralelismo antitético de las acciones en simetría de las cosas, ni para concluir de ahí, con algunos protestantes, que, no siendo los idolotitos sino manjares como otros cualesquiera, el pan y el vino eucarísticos, a su vez, no son sino pan y vino, ni tampoco para probar, en sentido contrario, con algunos católicos, el carácter *sacrificial* de la eucaristía partiendo del de los idolotitos. La idea sacrificial va incluida ya en la mención distinta que hace de la sangre.

La conversión del pan en el cuerpo y del vino en la sangre, sólo implícitamente, pero vigorosamente, está contenida en los v. 16-17 (nótese en particular, en el v. 17, la expresión «pan único», significando con toda seguridad a Cristo).

III. EL CAPÍTULO 11 DE I CORINTIOS [19].

1. *El contexto.*

Este capítulo abre una sección (11-14) acerca del orden y decencia en las asambleas cristianas, la parte más prolija se refiere a las manifestaciones carismáticas (12-14). Después de

---

17. Cf. F.J. LEENHARDT, o.c., p. 84.
18. Es sabido que para los primeros cristianos, como para los judíos contemporáneos, los dioses de los paganos eran considerados como demonios.
19. No nos detendremos en los v. 23-25, estudiados ya en § III, p. 29-35.

los v. 1-15, concernientes al comportamiento de las mujeres, Pablo critica la manera como se celebraba en Corinto la «cena del Señor» (v. 17-34).

2. Pasaje esencial.

La celebración de la «cena del Señor» (v. 17-34). Pablo denuncia una actuación del todo contraria a la unidad fraternal que la eucaristía debería expresar y realizar (v. 17-19; cf. 10, 17). En lugar de una comida de fraternidad, es una yuxtaposición o sucesión de comidas individuales con el agravante de una extrema disparidad (v. 21-22). Síguense de ahí las conclusiones prácticas de los v. 33-34; lo cual podría significar que en adelante la eucaristía se celebrará separadamente de toda comida ordinaria, pero es más probable que el Apóstol se contentase con prescribir la celebración verdaderamente comunitaria de una «cena del Señor», empezando por el rito eucarístico del pan y terminando por el de la «copa de bendición», intercalando entre los dos los manjares profanos [20].

Las reflexiones acerca de la eucaristía se insertan en ese contexto para motivar la exigencia de dignidad en la celebración. Después de narrar la institución, Pablo comenta: «Cada vez que coméis de este pan y bebéis de esta copa, anunciáis la muerte del Señor hasta que él venga» (v. 26): memorial del advenimiento redentor en el pasado, anuncio de la parusía (consumación de la salvación por la resurrección universal) en el futuro; hallamos de nuevo aquí la estructura del sacramento pascual judío y de los relatos de la institución. Es tal la fuerza y el realismo de esa sacramentalidad, que el que abusa de la

---

20. La interpretación adoptada aquí es la de FUNK, (*L'Agape*, RHE, 1903, p. 7-9); ALLO, *I Epître aux Corinthiens**, Gabalda, 1935, p. 284-293; O. KUSS, *Die Briefe an die Römer, Korinther und Galater**, Pustet, Ratisbona 1940, p. 168 (trad. castellana en preparación); JUNGMANN, *El sacrificio de la misa*, BAC, Madrid 1951, p. 36s. Por el contrario, se inclinaban hacia la prescripción de separar de la eucaristía el ágape: LAUDEUZE, *Pas d'agape dans la Ière Épître aux Corinthiens*, RB, 1904, p. 78-81); P. BATIFFOL, *Études d'Histoire et de Théologie positive**, II serie, Gabalda, ⁹1930, p. 100; W. GOOSSENS, *Les Origines de l'Eucharistie**, Beauchesne 1931, p. 138-141). THOMAS, *Agape*, DBS I, col. 149.

«cena del Señor», peca contra el cuerpo y la sangre de Cristo (v. 27), e incurre por consiguiente en la condenación divina (v. 28-29). Esbozo y prefiguración de la parusía, la eucaristía contiene ya pletóricamente el poderío del Señor de la gloria, poderío salvador para con sus verdaderos discípulos y amenazador para sus adversarios y desleales siervos. Esto explica los casos de enfermedad y muerte ocurridos a la sazón entre los cristianos de Corinto (v. 30): castigos medicinales que los preservan de la eterna reprobación (v. 32), pero a los cuales podrían y deberían sustraerse examinando por sí mismos su comportamiento y rectificándolo (v. 31).

IV. CONCLUSIÓN: DOCTRINA EUCARÍSTICA DE SAN PABLO.

La eucaristía es, ante todo, una acción: la «cena» fraternal y religiosa instituida por Cristo para que los cristianos conmemoren la redención, la instauración de la nueva alianza en su sangre, entren en comunión con su cuerpo vivificante y con su sangre vertida, realidades enteramente impregnadas de *pneuma* divino (cf. 1Cor 15,44-46; cf. 10,3-4: alimento y bebida «espirituales»). Si esta cena es sacrificial, ello se debe a la presencia sacramental del acto redentor. La comunión con Cristo tiene como efecto propio la unión entre hermanos, unión comparable a la de los órganos de un mismo cuerpo, superando toda oposición humana de raza, de condición social, etc... (1Cor 10,17; cf. 12,12-13).

La acción realizada mediante los signos eucarísticos, preludio de la transformación cósmica de la parusía, es la acción misma del Señor y presupone su *presencia* real. La afirmación de esta presencia, por san Pablo, no por ser implícita, es menos vigorosa.

§ V. El pan de vida: Juan 6.

La débil trabazón de Jn 6 con su contexto, ha suscitado diversas hipótesis acerca de la inversión de textos; poco importa aquí, pero esta situación, así como la estructura general del cuarto evangelio, nos invita a considerar este capítulo como un todo compacto, de una real unidad, y bien acabado.

La significación eucarística del discurso — por lo menos de su última parte — es admitida por la mayoría de los comentaristas católicos; no obstante, Clemente de Alejandría y Orígenes prefirieron una exégesis espiritualista (el pan de vida es la palabra de Cristo) [21] y arrastraron en la misma dirección a una minoría nada despreciable, en particular entre los escolásticos de los siglos XVI y XVII.

Las dos interpretaciones se enfrentaron en el mismo concilio de Trento, el cual se abstuvo de pronunciarse [22].

Desde la reforma hasta nuestros días, la mayoría de los intérpretes protestantes siguen la línea «espiritualista»; en cambio, la exégesis contemporánea, católica o no, parece más propensa a la interpretación eucarística.

I. APERTURA NARRATIVA DEL CAPÍTULO (V. 1-25).

Los v. 1-4 sitúan el milagro y el discurso que seguirán; nótese en particular un detalle cronológico muy significativo (v. 4): «Estaba cerca la pascua, la fiesta de los judíos.»

V. 5-13: el milagro = «signo» de la multiplicación de los panes.

La narración, paralela al primero de los relatos sinópticos de multiplicación de panes (Mc 6,31-44 par.), difiere de él en algunos detalles; en particular, Juan acentúa netamente la

---

21. CLEMENTE DE ALEJANDRÍA., *Pedag.* I, 6,43; II, 2,14-20; ORÍGENES, *In Math.* 85; *In Num. hom.*, 17 (PG 13,1734; 12,701).
22. Cf. F. CAVALLERA, *L'interprétation du chapitre VI de saint Jean: une controverse exégétique au Concile de Trente,* RHE 10, 1909, p. 687-709.

función de Jesús y da poco relieve a los apóstoles. En Jn 6, 12-13, los discípulos recogen los pedazos, por orden del Maestro: «Recoged los trozos que han sobrado, que no se desperdicie nada.» ¿Puede verse aquí un indicio de la solicitud con que la Iglesia se preocupó de las especies eucarísticas, ya desde principios del siglo III? (cf. *Trad. apost.*). Es posible.

V. 14-15: la multitud quiere proclamar rey a Jesús; él se retira rehusando aquel mesianismo carnal (cf. Jn 18,36).

V. 16-21: episodio de Jesús caminando sobre las aguas (cf. Mc 6,45-52 y Mt 14,22-23). Tiene probablemente un alcance simbólico. Tal vez Jesús, después de descartar el error de la turba, quiere que los discípulos vislumbren de algún modo la verdadera clave del «signo» precedente: su *ser* divino (v. 20: 'Eγώ είμι), pues caminar sobre las aguas sólo es propio de Dios (Sal 29,3 y 77,20; cf. Mt 14,33) [23].

V. 22-25: prólogo narrativo del discurso sobre el pan de vida.

II. ANÁLISIS DEL DISCURSO SOBRE EL PAN DE LA VIDA (v. 26-58).

La división del discurso varía, según los exegetas, de dos a cinco o seis partes; adoptamos aquí el plan tripartito de Dodd, que nos parece más satisfactorio.

1. Pan de la tierra y pan del cielo: v. 26-34. Diálogo en tres fases: v. 26-28: Jesús: Elevad vuestras aspiraciones, más allá del alimento perecedero, al que es eterno. Turba: ¿qué *hacer* para merecer tan preciado alimento? V. 29-31: Jesús: Lo que Dios exige de vosotros es que creáis en su enviado. Turba: ¿Tú, enviado de Dios? ¿con qué señal acreditas tu misión? Moisés nos dio el maná (sobreentendido: si tu pretendes ser superior a Moisés, da señales *del cielo* aún más portentosas; cf. Mc 8,11). V. 32-34: Jesús: El *maná* de Moisés no pasa de ser una grosera prefiguración del pan del cielo; el

---

23. Véanse en este sentido los comentarios de Dodd y de Strathmann; Barret defiende una interpretación distinta.

verdadero pan del cielo, sólo Dios lo da, para la vida del mundo. Turba: Señor, danos siempre de ese pan.

Este movimiento anagógico recuerda el de Jn 4,10-15, sobre el tema del agua: transición de una necesidad carnal a un deseo espiritual esencial, y de la salvación por las obras a la salvación por la fe.

2. «Yo soy el pan de la vida»: v. 35-51a. Jesús declara con fuerza y precisión en qué consiste el pan de vida, por una parte, y, por otra, de qué manera hay que recibirlo y alimentarse de él: «Yo soy el pan de la vida [24]. El que *viene* a mí, jamás tendrá hambre; el que *cree* en mi, jamás tendrá sed (v. 35). Siguen dos secciones separadas por la intervención de los «judíos». Primeramente (v. 36-40): el don divino de la fe os atraerá a mí, y yo os procuraré la vida eterna, la resurrección. Interrupción (v. 41-43): murmuración de los judíos, que entienden en sentido espacial el origen «del cielo» de Jesús y, por consiguiente, no pueden creer en él. Jesús prosigue (v. 44-51a): la fe no es evidencia carnal, es gracia divina que da la vida eterna (v. 44-47); mientras vuestros padres no escaparon a la muerte a pesar de comer el maná, yo soy el pan de la vida, el que ha bajado del cielo: si alguno come de este pan vivirá eternamente (v. 48-51a).

Así como el tema del pan de la vida existe ya desde el principio del discurso, el de la manducación, en cambio, aparece solamente a partir del v. 50, preparando la tercera parte de la exposición.

3. «El pan que yo daré es mi carne, para la vida del mundo» (v. 51b-58). Este exordio señala la novedad de la sección: hasta aquí, Jesús era el pan que da el Padre; ahora, es *él mismo* quien da *a comer su carne* y también da su sangre a beber. El alimento de vida eterna se desdobla, y su recepción no consiste ya solamente en creer, sino en *comer* y beber (v. 53-

---

24. Tenemos aquí una de esas solemnes declaraciones, 'Εγώ εἰμι acerca del ser y la misión de Jesús, frecuentes en Jn: 4,26; 8,12.24.58; 10,7.9; 10,11.14; 11,25; 14,6; 15,1,5. Volvemos a encontrarla en este mismo discurso en el v. 48.

56). La conclusión (v. 57-58) reduce esa dualidad al tema único inicial, puntualizando que la vida eterna, que asegura el pan de la vida, es la vida misma de Dios comunicada a Jesús. y, por él, al que lo come.

La idea progresa y se enriquece a lo largo de este discurso, mas la unidad del tema y la continuidad de la progresión son notorias y enteramente dentro de la lógica propia de Juan: la salvación para nosotros reside en el ser mismo de Jesús, a quien recibimos por la *fe,* mediante los *signos* por los cuales él se da (milagros, sacramentos); la comunión eucarística constituye el máximo y más completo modo de apropiación, querido por Jesús. En la eucaristía, Jesús es el *verdadero* maná de la pascua universal, como *es* la verdadera luz teofánica, el buen pastor, etc...

III. EPÍLOGO NARRATIVO (V. 59-71).

Reacción de dos categorías distintas de oyentes. Primeramente (v. 60-66) «muchos de sus discípulos», incapaces de rebasar una comprensión groseramente carnal de lo que acaban de oir para conseguir su inteligencia mediante la fe, se apartan de Jesús. En vano les advierte él: «El espíritu es el que da vida, la carne de nada sirve. Las palabras que yo os he hablado son espíritu y son vida» (v. 63). Esta frase no refuta una exégesis sacramental, sino la interpretación grosera de los «judíos»: las palabras de Jesús se refieren al orden del Πνεῦμα divino, de la divina eficiencia de salvación y de vida eterna, no se trata en absoluto de antropofagia; así pues, se precisa el Espíritu de Dios y la gracia de la fe para comprenderlas y aprovecharse de ellas. Luego (v. 67-71), Juan nos presenta a los doce, también ellos divididos: Pedro, en nombre de todos, hace una magnífica profesión de fe, pero Judas lo entregará.

IV. DOCTRINA EUCARÍSTICA DE JUAN [25].

El núcleo central de interés no es precisamente el rito, sino el *ser* vivificante de Jesús (cf. Jn 1,4; 20,30-31..., 1Jn 1,1-2...). Este ser es inseparablemente divino y humano, Λόγος y σάρξ. En un primer tiempo es el Padre quien lo da al mundo, como principio de vida eterna, alimento mesiánico cuya imperfecta prefiguración fue el maná del éxodo. Mas este pan de la vida es un pan vivo: dado, es a su vez dador. De ahí un segundo tiempo: el mismo Verbo encarnado da a comer su *carne* y a beber su sangre a los que creen en él y aceptan este don [26]. Su carne es verdadera comida y su sangre es verdadera bebida (Jn 6,55) en el sacramento simbolizado por el *signo* de los panes multiplicados. El don hecho globalmente al mundo por el Padre en la encarnación, Jesús mismo lo ofrece a los creyentes y éstos lo reciben individualmente en la comunión eucarística: así es como cada uno recibe el alimento de vida eterna que el Padre da al mundo, primero en el seno de María y luego en lo alto de la cruz. Mediante la gracia de la fe, el que recibe la comunión se nutre del ser de Jesús, se purifica con su sacrificio, pero según un modo sacramental, no groseramente carnal. No se trata en absoluto de alimentarse de carne humana, sino de vivir con Cristo y para Cristo, como él mismo vive con el Padre y para el Padre que le envía, lo cual se debe a la manducación de un pan que *es* su *carne*.

---

25. Es posible que el milagro de Caná (Jn 2,1-11) tenga también un simbolismo eucarístico, aunque su objetivo más directo se refiera a la redención: el vino eucarístico confiere a los hombres la *verdadera* purificación, la de la cruz (la *hora* anunciada en el v. 4), prefigurada en el agua de las purificaciones judías (v. 6); cf. Jn 1,29. El acento cargaría entonces con fuerza en el sacrificio, muy discretamente sobreentendido en Jn 6: v. 51b (su carne entregada para la vida del mundo) y v. 53-36 (mención de la sangre).

26. Este don en dos tiempos (del Padre al Hijo, del Hijo a los discípulos) reaparece en los textos joánicos: Jn 8,26; 15,9; 17,8.18.22.23; 20,21.

CONCLUSIÓN.

Los sinópticos nos presentan a Jesús instituyendo el *memorial* eucarístico de su muerte, en términos que indican una intensa participación sacramental de los discípulos en el *sacrificio* redentor y en el *ser* de la víctima sacrificada. Pablo confirma y acentúa esas indicaciones, deduciendo de ellas graves consecuencias prácticas. Juan nos ha introducido hasta el fondo del misterio eucarístico, haciendo llegar a cada uno, mediante el rito, el don divino hecho al mundo en la encarnación.

Lo esencial de estos datos escriturísticos puede resumirse en la tesis siguiente:

Tesis I. *In ultima coena Christus Corpus et Sanguinem suum sub speciebus panis et vini Deo Patri obtulit, ac sub eisdem symbolis apostolis (quos tunc Novi Testamenti sacerdotes constituebat) ut sumerent tradidit; quod sacrificium et sacramentum multoties iterandum instituit in Ecclesia* (**de fide catholica**).

En la última cena, Cristo ofreció a Dios Padre su cuerpo y su sangre bajo las «especies» de pan y de vino, bajo esos mismos símbolos se los dio a sus apóstoles (que constituía entonces sacerdotes del Nuevo Testamento) para que los consumiesen; este sacrificio y sacramento fue instituido por él para que se renovara muchas veces en la Iglesia *(de fe católica)*.

APÉNDICE

Eucaristía y misterios paganos [27].

Entre 1890 y 1930 la escuela comparativista multiplicó las tentativas de explicación de la eucaristía mediante los antiguos ritos paganos, en particular los cultos mistéricos.

27. Cf. F. CUMONT, *Les religions orientales dans le paganisme romain*, Leroux, ⁴1929; A.-J. FESTUGIÈRE, *L'idéal religieux des Grecs et l'Évangile**, Gabalda, 1932, p. 116-142; J. COPPENS, *Eucharistie*, DBS ii, col. 1163-1167.1193-1210.1214-1215; L..

46

Los *misterios* consistían en ciertos ritos secretos y simbólicos reservados exclusivamente a los iniciados; creíase que tales ritos aseguraban a sus adeptos grandes ventajas personales en esta vida o después de su muerte, una participación en mayor o menor grado de la felicidad de los dioses «inmortales» cuyas aventuras (mito) se evocaban haciéndolas revivir (rito), más o menos, en los iniciados. Esa felicidad procurada por aquellos ritos se denominaba frecuentemente, como en el cristianismo, la salvación, σωτηρία. Es más, algunos de los términos técnicos propios de los misterios paganos se encuentran, ya desde los orígenes, en la terminología eucarística, como ποιεῖν y ἀνάμνησις (cf. 1Cor 11,24). El término preciso de μυστήριον no se aplicará corrientemente a los ritos eucarísticos antes del siglo IV, sin embargo, Pablo designa ya con este vocablo la obra redentora de Cristo. Ahondando más, nos encontramos por ambas partes con «una acción sagrada y cultual, en la cual, mediante un rito determinado, una acción redentora del pasado se hace presente; la comunidad cultual, por la celebración del sagrado rito, participa realmente en el acto redentor evocado, y obtiene así su propia salvación». Éstos son, por lo menos, los términos en que O. Casel establece el paralelo [28].

En realidad, se necesita una dosis de buena voluntad para reconocer en las leyendas cultuales de los «misterios» acontecimientos redentores: sus héroes son meramente imaginarios, las más de las veces, y su simbolismo se refiere al ciclo de la vegetación o a los ritos funerarios (en los misterios de Isis).

Más profundamente, los motivos religiosos difieren de extremo a extremo: al móvil cristiano del *agape* divino se opone el empeño pagano del *eros* celeste. En otros términos, la euca-

BOUYER, *Le salut dans les religions à mystères*, RSRUS, 1935, p. 1-16; A.D. NOCK, *Hellenistic Mysteries and Christian Sacraments*, en *Proceedings of the 7th congress for the History of Religions* (diversos autores), North-Holland Publishing Company, Amsterdam 1951, p. 53-66; estudio continuado y completado en «Mnemosyne», 1952, p. 177-213. [Cf. también L. ALLEVI, *Misterios paganos y sacramentos cristianos*, Herder, Barcelona 1961.]

28. O. CASEL, *Le Mystère du Culte dans le Christianisme**, Cerf, 1946, p. 109-110.

ristía es, ante todo, el exponente de la libre iniciativa del amor divino que salva al mundo mediante la cruz y la resurrección del Verbo encarnado; en cambio, los misterios paganos expresan, en los mejores casos y en los cultos posteriores, el anhelo de evasión y de perennidad que siente el hombre. Por una parte, Dios ofrece a los hombres la *comunión* con él, por la fe y por el amor; por otra parte, el hombre intenta *participar* de las más envidiables prerrogativas divinas a fin de escapar a la común miseria.

Y si estudiamos el vocabulario, la estructura inicial y el contenido esencial de la eucaristía en la Sagrada Escritura, el origen judío, y no helenístico, del rito se impone cada vez más. Si hay que reconocer, no obstante, ciertas analogías con los cultos mistéricos, su explicación puede hallarse en las leyes mismas de la sociología religiosa. La influencia histórica de los misterios paganos no se percibe notablemente en la terminología y ceremonial eucarísticos hasta después de tres siglos de práctica cristiana (s. IV-V).

CAPÍTULO SEGUNDO

DATOS PATRÍSTICOS Y LITÚRGICOS

BIBLIOGRAFÍA.

J. SOLANO, *Textos eucarísticos primitivos**, 2 vol., BAC, Madrid 1952 y 1954 (texto latín o griego, y trad. latina o trad. castellana).

J. BETZ, *Die Eucharistie in der Zeit der Griechischen Väter**, Herder, Friburgo de Brisgovia 1955.

G. BAREILLE, *Eucharistie d'après les Pères*, DTC v.

C. RUCH, *La Messe d'après les Pères*, DTC x.

J. QUASTEN, *Monumenta eucharistica et liturgica vetustissima** (col. «Florileg. Patristicum»), Hanstein, Bonn 1937.

F.E. BRIGHTMAN, *Liturgies eastern and western*, I (textos), Clarendon Press, Oxford 1896.

P. BATIFFOL, *Leçons sur la Messe**, Gabalda 1918.

J. A. JUNGMANN, *El sacrificio de la misa*, BAC, Madrid 1951.

L. BOUYER, *Eucaristía*, Herder, Barcelona 1968.

Vamos a estudiar los testimonios de la fe en las diversas liturgias y en los santos padres del siglo II al V [1].

Después de una sección especial consagrada a los breves y escasos datos del siglo II, nos adentraremos en los siglos III al V siguiendo el desenvolvimiento de la fe eucarística en tres

---

1. En el siglo I se hallan alusiones eucarísticas que no pasan de probables, en la carta de san Clemente de Roma (entre los años 93 y 97) a la Iglesia de Corinto. Véase en particular 44,4; la larga plegaria de 59-61, aunque no sea eucarística, nos da idea de lo que serían en el siglo I-II las improvisaciones eucológicas en la celebración de la eucaristía.

secciones dedicadas respectivamente a los textos litúrgicos, a los padres griegos y a los padres latinos. Los textos de los siglos VI y VII no añadirían nada esencial; nos limitaremos, por tanto, a indicar sumariamente algunas referencias.

§ I. Testimonios de la fe eucarística en el siglo II.

Notemos sencillamente un testimonio pagano: la carta de Plinio el Joven a Trajano (x, 96), hacia el año 112; el autor informa al emperador acerca de las prácticas cristianas: Por la mañana, un himno a Cristo, por la tarde, una comida con manjares usuales. Podría muy bien tratarse del ágape, incluida la eucaristía [2].

I. SAN IGNACIO DE ANTIOQUÍA.

San Ignacio de Antioquía, en sus cartas (hacia el año 110), defiende la fe en la encarnación, contra el docetismo, y la unidad de cada Iglesia con Cristo, en torno a su obispo. La *eucaristía* (usa ya el vocablo para designar la oración, la acción y los elementos consagrados) es, a sus ojos, la garantía de esta fe y de esta unidad. Celébrase en medio de la asamblea de la Iglesia, presidida, en principio, por el obispo asistido de sus presbíteros: Ef 5,2; 20,2; Fil 4; Esm 8. Que la eucaristía es un sacrificio, se deduce primeramente de la comparación que establece entre ella y el tema del θυσιαστήριον (altar, quizás también *santuario)* en Ef 5,2 («pan de Dios»: cf. Rom 7,3) y Fil 4; otro indicio lo hallamos en la presentación de su inminente martirio como un sacrificio, en términos visiblemente inspirados en la eucaristía: Rom 4,1-2 (cf. 2,2). Ante todo, la víctima del sacrificio eucarístico es Cristo crucificado por nuestros pecados (Esm 7,1).

---

2. Citado como ejemplo en KIRCH, *Enchiridion fontium historiae ecclesiasticae antiquae,* Herder, Barcelona ⁹1965, 28-30.

Esta víctima se da en alimento a sus fieles, en la cena eucarística: su carne es «el pan de Dios» y su sangre una bebida divina. Ignacio no desea otro manjar ni otra bebida (Rom 7,3; cf. Ef 5,2). La sangre eucarística se identifica, a veces, con el «amor incorruptible» (Rom 7,3; Tral 8,1): eso no quiere decir que su realidad física se haya volatilizado, sino que el autor es muy sensible a la significación de caridad inherente a la muerte aceptada por Cristo (cf. san Pablo, Rom 5,5-8; 8,31-39 y san Juan, Jn 13,1; 1Jn 4,9-11). Para el que la recibe dignamente la carne de Cristo es «medicina de inmortalidad, antídoto contra la muerte y alimento para vivir por siempre en Jesucristo» (Ef 20,2).

II. SAN JUSTINO.

San Justino describe, a grandes rasgos, la asamblea eucarística tal como se celebraba en Roma hacia el año 150, en *Apología I, 65-67*. El cap. 65 describe la eucaristía bautismal: plegarias de intercesión, el ósculo de paz, entrega al presidente de la asamblea del pan y del cáliz, oración de alabanza y de acción de gracias al Padre por el Hijo y el Espíritu, terminada con el *amén* de los asistentes y, por último, la comunión.

La eucaristía dominical (cap. 67) sólo difiere de la precedente en la fase inicial: en vez de ir precedida del bautismo, la plegaria de intercesión sigue a las lecturas bíblicas (tomadas de los dos Testamentos) y a la homilía del presidente. La elección del domingo para esta celebración se explica por la conmemoración de la creación del mundo y de la resurrección de Jesús.

En el cap. 66, san Justino explica el alcance de estos ritos y de los alimentos que en ellos se toman. El alimento llamado eucaristía está reservado exclusivamente a los bautizados pues es muy distinto de cualquier otro alimento ordinario: «A la manera como Jesucristo, nuestro Salvador, hecho carne por virtud del Verbo (λόγος) de Dios, tuvo carne y sangre para nuestra salvación, así también, se nos ha enseñado que el alimento sobre el que se ha pronunciado la acción de gracias con palabra (λόγος) de oración procedente de Jesús y del que se nutren por transformación nuestra sangre y nuestras carnes *es carne y sangre de aquel mismo Jesús encarnado* (66,2) [3].

La singular propiedad de este alimento y de esta bebida proviene de su institución por Cristo, con orden de reiteración El pan y la copa de agua de los misterios de Mitra no es más que una imitación y superchería diabólica.

El fragmento citado resume y esclarece a la vez el don divino de Jn 6, hecho en dos tiempos: en primer lugar Dios da al mundo su Hijo por la encarnación; luego Cristo alimenta sacramentalmente a sus fieles con su carne y su sangre.

En el *Diálogo con Trifón*, Justino presenta la eucaristía como un sacrificio. Ante todo ve realizada en ella la profecía de Malaquías, 1,10-12, que condenaba los sacrificios rituales judíos y anunciaba una «oblación pura», ofrecida a Dios en todo el orbe *(Dial.* 41,2-3 y 117,1-3). Lo que se mandaba que ofrecieran los que se purificaban de la lepra (Lev 14) prefiguraba la ofrenda del pan eucarístico, *anamnesis* de la pasión redentora *(Dial.* 41,1; 117,3), «sacrificio» que se ofrece en nombre de Jesús, instituido por él mismo *(Dial.* 117,1). Los cristianos son el «verdadero linaje de los sumos sacerdotes de Dios», no por sí mismos y en concurrencia con Cristo, sino en su nombre y bajo su dependencia, Él es el único Sumo Sacerdote, prefigurado antiguamente por Aarón y sus sucesores.

En resumen, Jesús preside por sí mismo y anima invisiblemente la asamblea eucarística, ofreciendo al Padre por la Iglesia el sacrificio memorial de la cruz, y dando a los bautizados su carne y su sangre en alimento mediante la transformación que realiza su palabra sobre el pan y el vino.

---

3. Se han propuesto diversas traducciones de esta frase. La aducida en el texto, preferida por Batiffol, Casel, Wieland, Goguel, etc. (con matices), parece ser la mejor. La traducción del primer λόγος por *Verbo* en vez de *palabra* se justifica en 33, 5-6; la del segundo (δι' εὐχῆς λόγος) por «con palabra de oración» halla su correlativo en λόγος εὐχῆς καὶ εὐχαριστίας de 13,1.

San Ireneo, en *Adversus Haereses,* refuta el dualismo gnóstico partiendo de la unidad de la historia sagrada, de la continuidad del plan divino desde la creación hasta la restauración final, a través del pecado del hombre y de la encarnación redentora. La eucaristía le parece ser como un compendio de este plan divino, puesto que en ella, mediante una prolongación sacramental de la encarnación, cuya «materia» es el pan y el vino, primicias de la creación, tiene lugar el memorial del sacrificio redentor, prenda de la salvación escatológica. La unidad de la acción eucarística es como el hogar donde se concentra la llama única y unificante del Dios trino.

El aspecto *sacrificial* de la eucaristía lo expone san Ireneo en *Haer.* 4,17-18. Nuestros sacrificios, Dios no los necesita en absoluto, mas a nosotros nos procuran la salvación, nos merecen la gloria celestial. Pero, para esto es necesario que sean símbolo de nuestras reales disposiciones de salvación: de nuestra fe, de nuestra esperanza y de nuestra caridad. De ahí que los profetas judíos, y luego el mismo Jesús, se alzaran contra el ritualismo, de ahí la substitución de las cruentas inmolaciones del templo por un sacrificio nuevo y perfecto (cf. Mal 1,10-11).

En la cena, instituyó Jesús un sacrificio de primicias que, en virtud de su palabra, se convirtió, por su misma acción, en el sacrificio de su cuerpo y sangre, la perfecta ofrenda del Hijo encarnado a su Padre, Creador del trigo y de la vid lo mismo que del hombre. Ahora, este mismo sacrificio lo ofrece la Iglesia en nombre de Cristo y mediante su intervención activa. Sólo la Iglesia católica es capaz de ofrecerlo, pues los judíos declararon a Cristo guerra a muerte, y los herejes (gnósticos) niegan a Dios su obra creadora. *La conversión del pan y el vino* en cuerpo y sangre de Cristo, se halla indicada ya en *Haer.* 4,18 (5), y más explícitamente aún en 5, 2 (2-3), dentro de un contexto en que se indican las razones por las cuales resucitarán los cuerpos [4]. El nervio de la argumentación está en la imposibilidad de negar nuestra resurrección sin negar a la vez la redención realizada mediante el cuerpo y la sangre de Cristo y aplicada a cada uno en la comunión sacramental. He aquí el esquema de san Ireneo acerca de la transformación eucarística, cuyas fases sucesivas se eslabonan perfectamente: hundidos en la tierra, la cepa de la vid y el grano de trigo fructifican por el poder de Dios; sus frutos (pan y vino) la sabiduría de Dios nos los da para nuestro uso; por el Verbo (¿o la palabra?) de Dios, este pan y este vino se convierten en eucaristía, cuerpo y sangre de Cristo; nuestros cuerpos toman la eucaristía; después, esos mismos cuerpos serán sepultados en la tierra y se pudrirán en ella para resucitar finalmente gracias al Verbo divino.

Esta exposición se confirma y completa con otros pasajes, como 3,11(5); 4,38(1); y 5,10(2). A su vez, ilustra una frase de 4,18(5) que ha sido diversamente interpretada y no siempre con acierto: la eucaristía «está compuesta de dos elementos, terrestre uno, celestial el otro» [5]. Entendiendo en sentido estático, ese «compuesta de», algunos han visto en ella las dos naturalezas de Cristo; otros, las dos substancias del pan y del cuerpo de Cristo (consubstanciación) y otras cosas semejantes. En realidad, no se trata de los componentes actuales de la eucaristía, sino más bien del doble punto de partida del *devenir* eucarístico: esto se infiere del contexto y de la confrontación con 5,2(2-3). Cabe notar, por otra parte, que συνι-στάναι ἀκ tiene este sentido dinámico («constituirse partiendo de...») en los primeros párrafos de 5,2(3). Los dos puntos de partida, terrestre y celestial, serían entonces el pan y (probablemente) el cuerpo glorioso de Cristo.

---

4. Cf. H.D. Simonin, O.P., *Note à propos d'un texte eucharistique de saint Irénée,* RSTP, 1934, p. 281-92.

5. Ἐκ δύο πραγμάτων συνεστηκυῖα, ἐπιγείου τε καὶ οὐρανίου.

IV. LA «DOCTRINA DE LOS DOCE APÓSTOLES».

Pasemos ahora a la *Doctrina de los doce apóstoles* (9-10 y 14,1-15,2), que plantea no pocos problemas [6] de fecha, de composición, etc...

Supongámosla del siglo II, sin excluir que, en algunas de sus partes, pueda datar del siglo I o del III. El capítulo 14 reglamenta la celebración dominical de la «fracción del pan». La prescripción de la *exomologesis* y de la previa reconciliación entre cristianos se basan en el carácter sacrificial de la cena, sacrificio que realiza la profecía de Malaquías 1,11. El enlace inmediato con 15,1 sugiere la función particular reservada a los sacerdotes en esta celebración.

Las hermosas plegarias de 9-10 pueden referirse a la eucaristía, aunque es discutida esta interpretación. Por otra parte, no proyectan mucha luz sobre el fondo de la cuestión, cualquiera que sea su interés para el estudio histórico de la liturgia.

§ II. **Textos litúrgicos de los siglos III al V.**

I. LA «TRADICIÓN APOSTÓLICA».

En Roma, a principios del siglo III, la *Tradición apostólica* de Hipólito [7] nos ofrece, más que fórmulas estereotipadas de oración, guiones para las improvisaciones litúrgicas. Al describir la ceremonia de ordenación episcopal nos da el texto de la anáfora o canon de la misa (n.º 4 en la edición B. BOTTE). El celebrante glorifica a Dios, por medio de Cristo, por el beneficio de la encarnación redentora. De la obra de la redención hace resaltar con particular relieve el hecho de la cena, repitiendo las palabras que pronunció Cristo sobre el pan y

---

6. Cf. J.P. AUDET, *La Didaché, Instruction des Apôtres** (Gabalda, 1958) algunas de sus tesis son discutidas.

7. B. BOTTE, *La Tradition apostolique de saint Hippolyte. Essai de reconstitution*, col. «Liturgiewissenschaftliche Quellen und Forschungen» 39, Aschendorf, Munster de Westfalia 1963, perfecciona y completa la edición de 1946 en «Sources chrétiennes».

el cáliz. Luego, ofrece el pan y el vino en memoria de la cruz y de la resurrección, y pide que sea enviado el Espíritu Santo sobre el sacrificio de la santa Iglesia para santificar y unir a todos los que participen de la comunión [8]. La oración termina con una doxología trinitaria y el *amén* de la asamblea.

El vínculo entre la misa y la cruz, patente ya en la cena, se acentúa más aún mediante una leve modificación del texto escriturístico: en lugar de «Esto es mi cuerpo, entregado por vosotros», dice: «Esto es mi cuerpo, roto para vosotros» («quod pro vobis *confringetur*»). Ese vínculo se afirma de nuevo en la oración siguiente, en que la *eucaristía* por la obra redentora se prolonga en acción de gracias por el hecho de que Dios ha encontrado a los cristianos «dignos de estar delante de él y de servirle», asociándose, en el *memorial,* a la oblación y obediencia perfecta de Jesucristo.

Es bastante más adelante, en las oraciones de la comunión (n.° 7 y 23) y en las rúbricas sobre el modo de tratar el pan y el vino consagrados (n.° 32), donde se afirma la conversión de esos elementos en el cuerpo y sangre de Cristo. Este pan y este vino «son el misterio santo, el cuerpo y la sangre de Cristo»; sin embargo, en otro lugar se dice que el obispo pronuncia la acción de gracias sobre el pan para hacer de él la representación o ἀντίτυπον del cuerpo y de la sangre del Salvador. La *Tradición apostólica* no ve oposición alguna entre *ser* el cuerpo de Cristo y *representarlo.* El pan eucarístico no se ha de dar ni a los infieles ni a los animales, y hay que evitar con sumo cuidado que nada de él caiga al suelo y se profane, «pues *es el cuerpo de Cristo* del cual todos los fieles se alimentan, y no debe ser despreciado». Asimismo, se evitará cuidadosamente derramar el contenido del cáliz, «recibido

---

8. Cf. B. BOTTE, *L'épiclèse de l'Anaphore d'Hippolyte,* RTAM, 1947, p. 241-251. Conviene observar, sin embargo, que, a lo que parece, en las más antiguas fórmulas de la liturgia de san Basilio, la epiclesis del Espíritu Santo no implora la «transformación» del pan y del vino en cuerpo y sangre de Cristo. Cf. A. RAES, en OCP. 1960, p. 406-407, y J. DORESSE y E. LANNE, *Un témoin archaïque de la liturgie de saint Basile*,* Biblioth. du Muséon, vol. '47, Lovaina 1960.

como la representación de la sangre de Cristo», no sea que se incurra en la ira de Dios «*haciéndose reo de la sangre, como quien no valora el precio por el cual ha sido redimido*».

Nos hallamos, pues, ante un realismo no fisicista, sino sacramental, que se basa en la significación que la palabra de Cristo da a las cosas. La función atribuida al Espíritu Santo en la *epiclesis* que sigue al relato de la institución no consiste en .cambiar el pan y el vino en el cuerpo y sangre de Cristo, sino más bien en transformar, mediante la eucaristía, a los que se acerquen a recibir la comunión y en unir y vivificar a la Iglesia.

II. LA ANÁFORA DE LOS APÓSTOLES.

Edesa (¿siglo III?): *Anáfora de los apóstoles o de Addai y Mari*. Solemne alabanza de acción de gracias al Dios trino, creador y salvador, insistiendo particularmente en el hecho de la encarnación redentora. Posteriormente se introdujo, hacia el final de la anáfora, una *epiclesis* al Espíritu Santo. El relato de la institución no figura en la tradición manuscrita. En rigor, podríase sacar de ahí la conclusión de que ese relato no se insertaba en la celebración. Con todo, como observaba ya Lietzmann, la presencia de una *anamnesis* explícita en nuestro texto presupone el relato de la institución. El temor de exponer a profanación las palabras consecratorias, bastaría para explicar que fueron transmitidas por vía oral y no escrita [9].

De todos modos, el contenido dogmático de este texto es muy pobre tanto respecto al sacrificio eucarístico como a la presencia sacramental del cuerpo y de la sangre de Cristo.

---

9. Cf. B. Botte, *L'anaphore chaldéenne des Apôtres,* OCP, 1949, p. 259-276; *L'épiclèse dans les liturgies syriennes orientales,* en «Sacris Erudiri», t. 6 (1954), p. 48-72, y *Problèmes de l'anamnèse,* en «The journal of Ecclesiastical History», abril de 1954, p. 16,24. Véase la traducción en A.G. Martimort, *La Iglesia en oración. Introducción a la liturgia,* Herder, Barcelona ²1967, p. 314-315; L. Bouyer, *Eucaristía,* Herder, Barcelona 1969, p. 156s 303s (donde se hallarán también la anáfora de Santiago, p. 270ss, y la de Serapión, p. 210s); o también una versión francesa en A. Hamman. *Prières des premiers chrétiens*,* Fayard, 1952, p. 163-165 (anáfora de Santiago en p. 315-324, y de Serapión en 187-190).

III. LA LITURGIA DE SANTIAGO.

Antioquía y Jerusalén (¿siglo IV?): *Liturgia de Santiago* [10]. La alabanza de Dios por la obra de la creación y de la redención reviste gran solemnidad y se desarrolla ampliamente. Contiene el relato de la institución y algo más adelante la *epiclesis* del Espíritu Santo. Esta última oración pide que el Espíritu descienda sobre los fieles y sobre los «dones santos» (pan y vino) para hacer del pan el cuerpo de Cristo, y del vino, su sangre preciosa, con miras a santificar a los fieles que se acerquen a recibir la comunión y para la conservación inconmovible de la Iglesia. Las oraciones de la comunión confirman ese realismo sacramental: «Te damos gracias, oh Cristo, Dios nuestro, por habernos admitido a participar de tu cuerpo y sangre, para remisión de los pecados y para vida eterna...»

El carácter sacrifical de la misa no es menos explícito: «Te ofrecemos, Señor, este tremendo sacrificio incruento...», para conseguir la aplicación efectiva a cada uno de los fieles de los frutos de la redención.

IV. LA ANÁFORA DE SERAPIÓN.

Alejandría (siglo IV): *Anáfora de Serapión* [11]. Nos encontramos en primer lugar con una larga oración de alabanza a la bondad de Dios Padre, en unión con Cristo y el Espíritu, oración que se termina con el *Sanctus* (reducido a Is 6,3). Sigue la oblación de los signos sacramentales de la pasión, con la memoria de la cena: Porque a ti te ofrecemos este sacrificio vivo, esta oblación incruenta; a ti te ofrecemos este pan que es la semejanza (ὁμοίωμα) del cuerpo de tu Hijo único. Este pan es la semejanza del cuerpo santo, pues el Señor Jesucristo, la noche en que fue entregado, tomó pan, lo partió y lo dio

---

10. Véase texto griego y traducción latina publicados por B. MERCIER, en PO, t. 26, p. 198-212; para las trad., véase nuestra nota 9.

11. Véase el texto en QUASTEN, *Momumenta...*, p. 59-64, o en FUNK, *Didascalia et Constitutiones Apostol.* t. II, p. 158-195; para trad. véase nota 9.

a sus discípulos diciendo: «Tomad y comed, esto es mi cuerpo roto para vosotros en remisión de los pecados.» A continuación sigue una oración que pide que este «sacrificio» nos alcance el perdón de los pecados y la unidad en la Iglesia. Y se procede a la ofrenda del cáliz, «semejanza (ὁμοίωμα) de la sangre», apoyándose también en las palabras pronunciadas por Jesús sobre la copa. Sigue la *epiclesis,* implorando la venida del Verbo, no del Espíritu Santo: «Dios de verdad, que tu santo Verbo descienda sobre este pan, para que *se convierta* (γένηται) en el cuerpo del Verbo, y sobre este cáliz, para que el cáliz pase a ser (id.) la sangre de la Verdad. Y concédenos que todos cuantos participen de la comunión reciban un remedio vivificante que los cure de toda enfermedad y los fortalezca en todo progreso y en toda virtud.» Después de la comunión, se dan gracias a Dios por el beneficio de «la comunión del cuerpo y de la sangre» y se le pide que nos dé «participación en este cuerpo y en esta sangre».

En resumen, pan y vino se ofrecen a Dios y son consumidos por los fieles en cuanto son «semejanza» (en realidad «signos», en sentido propio, según el contexto) del cuerpo y de la sangre de Cristo; la naturaleza de esos signos es tal, que quien los recibe, recibe real y enteramente el cuerpo y la sangre significados, a fin de compartir su suerte eterna. Por las palabras de Cristo, pan y vino se *convierten* en lo que significan y, en cuanto tales, se ofrecen al Padre, en unión con la alabanza que le presentan el Hijo eterno y el Espíritu Santo, a «semejanza» del sacrificio del Calvario, para la reconciliación y salvación de los pecadores. La *epiclesis* del Verbo pone de relieve, con mucha mayor fuerza que la *epiclesis* del Espíritu Santo (clásica en las liturgias orientales posteriores al siglo IV), la prolongación de la encarnación redentora en la presencia sacramental y en el sacrificio eucarístico [12].

---

12. Puede verse un estudio más completo de dicho texto en la obra de B. CAPELLE: *L'Anaphore de Sérapion. Essai d'exégèse,* en Le Muséon, 1946, p. 425-443, reeditada en «Travaux liturgiques de doctrine et d'histoire», t. II, Lovaina 1962, p. 344-358.

V. EL TRATADO «DE SACRAMENTIS» DE SAN AMBROSIO.

Milán (siglo IV) nos presenta en el *De Sacramentis* de san Ambrosio una forma arcaica del actual canon romano, exenta de todas las adiciones posteriores paulatinamente incorporadas al mismo. El autor nos transmite el texto sólo a partir de la fórmula *Quam oblationem*, que precede inmediatamente a la consagración [13].

Fac nobis hanc oblationem scriptam, rationabilem, acceptabilem, quod est figura corporis et sanguinis D.N.I.C.	Concédenos que esta oblación sea admitida espiritual, agradable, por ser figura del cuerpo y de la sangre de N.S. Jesucristo.

Sigue el relato de la institución, con la transición *Qui pridie...*, y las palabras de Jesús sobre el pan:

Accipite et edite ex hoc omnes, hoc est enim corpus meum quod pro multis confringetur.	Tomad y comed todos de él, porque esto es mi cuerpo que será roto para muchos.

La fórmula del cáliz es más breve:

Accipite et bibite ex hoc omnes, hic est enim sanguis meus.	Tomad y bebed todos de él, porque esto es mi sangre.

La oración que sigue al relato de la institución equivale, en resumen, a las fórmulas *Unde et memores*, *Suplices* y *Supra quae*, y expresa el carácter sacrificial de la acción eucarística, memorial de la pasión y de la glorificación del Salvador (4,27). Varios otros detalles tienen el mismo objetivo.

Acerca de la comunión, sólo tenemos indicaciones parciales (4,25): el sacerdote da la hostia diciendo: *El cuerpo de*

---

13. Cf. trad. francesa de la edición BOTTE, colección «Sources Chrétiennes», n.° 25 (Éd. du Cerf).

Cristo, y el comulgante hace profesión de su fe respondiendo: *Amen.*

VI. CONCLUSIÓN ACERCA DE ESTOS TESTIMONIOS LITÚRGICOS

Esa breve recopilación de las más antiguas liturgias, tal como se celebraban en las diversas regiones de la cristiandad, basta para poner de manifiesto, a través de las múltiples diferencias de detalle, la unidad esencial de todas ellas en ciertos puntos de doctrina, que reaparecen de nuevo, siempre y en todas partes, en lo sucesivo, y a veces con una dilucidación y una insistencia francamente superiores. La misa es un sacrificio (incruento) en cuanto es el memorial sacramental de la cruz; el pan y el vino, al significar, con toda la fuerza del término, el cuerpo y la sangre de Cristo, se «convierten» realmente en ese cuerpo y esa sangre, en virtud de las palabras de Cristo en la cena, que el sacerdote repite, y por la potencia divina (del Verbo o, más frecuentemente, del Espíritu Santo) implorada de ordinario en la *epiclesis.*

La comunión sacramental del cuerpo y de la sangre de Cristo confiere eficaz remedio contra el pecado y hasta contra las mismas enfermedades corporales, y prepara a los fieles para la gloria del cielo.

Estas aserciones se verán dilucidadas y confirmadas por los comentarios patrísticos sobre la liturgia, que vamos a examinar a continuación.

§ III. **Los padres griegos de los siglos III al VII.**

I. CLEMENTE DE ALEJANDRÍA Y ORÍGENES.

Clemente de Alejandría y Orígenes, según vimos ya, lanzaron la interpretación espiritualista de Jn 6; por lo general, su marcada tendencia a la alegoría dificulta la inteligencia de su pensamiento. Orígenes, a lo que parece, distingue en la eucaristía dos niveles de significación: el primero, el más sencillo, corresponde a la fe de la Iglesia y comprende la presencia y el sacrificio de Cristo, cuerpo y sangre; el segundo más sutil, y reservado a los «gnósticos» cristianos, se refiere a la verdad del Verbo divino (cf. *In Io. Comment.* 32,24; PG 14,809). Eso no disminuye en nada la firmeza de su adhesión a la fe común que Orígenes expresa, por ejemplo, en *In Ex. hom.* xiii, 3; *In Num. hom.* xxiv, 1; *In Ierem. hom* xix, 13; pero, más que el contenido sacramental de la comunión eucarística, Orígenes pone de relieve preferentemente el don espiritual y las condiciones morales de la misma.

III.   LOS TRES GRANDES CAPADOCIOS.

Lo mismo harán, después de Orígenes, los tres grandes capadocios: Basilio, Gregorio de Nisa y Gregorio Nacianceno, que le deben muchísimo. Merece especial mención el segundo de ellos por la reflexión teológica iniciada en el cap. 37 de su *Oratio magna catechetica* (la idea básica, expresada ya en la homilía 8 sobre el Eclesiástico, es que Cristo se nos da en alimento para asimilarnos a sí, no inversamente). Compuesto de alma y cuerpo, el hombre se une a Cristo en su alma por la fe, en su cuerpo por la comunión eucarística. El alimento sacramental al derramarse por todo nuestro ser carnal nos sana de los restos del pecado realizando como una transferencia de la encarnación [14].

Esa transformación del que comulga presupone otra transformación previa, la del pan y el vino, que Cristo *cambia* (μεταποιεῖ) en su carne y en su sangre mediante algo así como una cierta digestión instantánea: la cual no es el resultado de los procesos biológicos normales, sino de la intervención del Verbo divino en la plegaria eucarística (cf. § x del cap.). Por

---

14. PG 45,93-97; Gregorio de nisa, *Oratio magna catechetica* ed. y trad. francesa por Mérider (A. Picard, 1908), p. 172-183.

más imperfecta que sea la comparación, tiene el mérito de ilustrar una aserción muy realista del devenir sacramental.

III. LAS CINCO CATEQUESIS MISTAGÓGICAS.

Del mismo siglo IV (segunda mitad), en Jerusalén, datan las cinco catequesis mistagógicas editadas bajo el nombre de Cirilo de Jerusalén, y que lo mismo pueden ser suyas como de Juan, su sucesor. La explicación de la eucaristía se halla en las dos últimas [15]; la 4.ª expone el devenir sacramental, la 5.ª explica las ceremonias de la misa, todo bajo una perspectiva pastoral, no especulativa.

La fe en la presencia sacramental de Cristo se basa esencialmente en las palabras que él mismo pronunció en la última cena. Pues el que cambió el agua en vino en Caná tiene poder para cambiar el vino en su sangre. «Por tanto, al recibir la comunión, tenemos la plena seguridad de participar del cuerpo y sangre de Cristo. Porque en la figura (τύπῳ) del pan se te da el cuerpo y en la figura (id.) del vino se te da la sangre, para que, habiendo comulgado del cuerpo y de la sangre de Cristo, no tengas ya, desde ahora, sino un solo cuerpo y una sola sangre con él» *(Cat.* IV, 3). «No juzgues en esto según el gusto, sino saca de tu fe la convicción inconmovible de que has sido juzgado digno del cuerpo y de la sangre de Cristo» *(Cat.* IV, 6).

La maravillosa transformación de los signos sacramentales, garantizada por la palabra de Cristo, se realiza mediante la acción del Espíritu Santo implorada en la *epiclesis:* «Invocamos al Dios de bondad para que envíe su Santo Espíritu sobre la oblación, para que haga del pan cuerpo de Cristo y del vino sangre de Cristo. Pues, ciertamente, cualquier cosa que tocare el Espíritu Santo será santificada y transformada» (v, 7).

---

15. *Cat. Myst.* 4 y 5; PG 33, 1097-1125 o en QUASTEN, *Monumenta...*, p. 69-112 (con traducción latina); véase la traducción francesa de J. BOUVET, col. «Les Écrits des Saints», Namur 1962.

Esta presencia sacramental del cuerpo y sangre de Cristo constituye «el sacrificio espiritual, el culto incruento». Cristo está presente como nuestra «víctima de propiciación», que ofrecemos a Dios rogándole confiadamente por las necesidades de la Iglesia y del mundo entero (v. 8). El sacrificio se ofrece asimismo en memoria de los difuntos, solicitando la intercesión de los santos y orando por los demás que murieron, «pues es nuestra fe que las almas por quienes se ofrece la oración ante la víctima santa, que hace estremecer de respeto [16], sacarán de ella gran provecho» (v, 9). Mediante una comparación, el autor explica el valor propiciatorio de la misa en favor de los difuntos que, aunque pecadores, murieron en la comunión de la Iglesia (v, 10).

A propósito de los ritos de la comunión (v, 20-22), repite el autor sus aserciones acerca de la presencia real, y recomienda, entre otras cosas, gran cautela para no echar a perder la menor parcela del pan eucarístico, conservándolas todas con más diligencia aún que si se tratara de limaduras de oro. Invita, por fin, a dar gracias a Dios individualmente, mientras aguardan la oración del celebrante.

IV. TEODORO DE MOPSUESTA.

Teodoro de Mopsuesta, en sus homilías 15 y 16 de la serie editada y traducida al francés en 1949 por P. Tonneau [17], hace una exposición de conjunto acerca de la eucaristía. Según él, este sacramento es el alimento apropiado a la vida nueva

---

16. Φριχωδεστάτης. que podría traducirse en latín por *tremendissima*, adjetivo típico del vocabulario cultual griego de los siglos iv y v, que expresa con energía el «temor reverencial» componente del sentido de lo sagrado, que R. Otto denomina *tremendum*. Cf. E. Bishop, *Observations on the Liturgy of Narsaï*, en apéndice a R.H Connolly, *The liturgical homilies of Narsaï*, col. «Tests and Studies» viii, 1, Cambridge University Press, 1909, p. 92-97.

17. R. Tonneau, O.P., *Les homélies catéchétiques de Théodore de Mopsueste*, Ed. Vaticanas, 1949; cf. J. Lécuyer, CSSp, *Le Sacerdoce chrétien et le Sacrifice euchar. selon Th. de M.* RSR, 1949, p. 481-516. Otra traducción francesa de C. Matura, O.F.M., facilita la lectura de esas dos homilías en A. Hamman, O.F.M., *L'initiation chrétienne*, col. «Lettres chrétiennes», Grasset, 1963, p. 143-191.

que se nos da en el bautismo; pero añade en seguida que este alimento es de naturaleza sacrificial, en cuanto es memorial de la pasión, imagen del «sacrificio celeste» que Cristo no cesa nunca de ofrecer, participación real, aunque velada, de aquella realidad trascendente que eterniza en la gloria la inmolación del Calvario.

Los ritos de la misa figuran abundantemente la pasión y muerte, pero también la resurrección del Salvador, mientras que la fuerza salvífica de aquellos acontecimientos obra actualmente por el Espíritu Santo. Las palabras de la institución nos ponen, ante todo, en presencia de la cruz, la *epiclesis* del Espíritu Santo, en presencia de la resurrección. Pues, lo que no era más que pan y vino, por la venida del Espíritu Santo se cambia en el cuerpo inmortal e incorruptible de Cristo Jesús. Teodoro no cede en nada a los demás padres griegos en realismo eucarístico. Y saca de él las mismas conclusiones: mediante la comunión participamos de la vida eterna y recibimos las arras de nuestra futura glorificación. La unión sacramental con Cristo no es sino la imagen, enteramente orientada hacia la realidad total y definitiva, que es la unión beatífica con el Resucitado.

Después de oir a este insigne representante de la tradición teológica de Antioquía, escuchemos ahora al campeón de la tradición opuesta, la de Alejandría.

V. SAN CIRILO DE ALEJANDRÍA.

San Cirilo de Alejandría [18], en el primer tercio del siglo v, en varias de sus obras, explica una teología de la comunión eucarística estrechamente vinculada a la teología de la encarnación: comentarios sobre san Mateo (26,26-27; PG 72,452-453), sobre san Lucas (22,19 y 21; PG 72,908-912), sobre san Juan

---

18. Cf. J. MAHÉ, *L'Eucharistie d'après saint Cyrille d'Alexandrie*, RHE, 1907, p. 677-696. Puede verse también una antología de textos en H. DU MANOIR DE JUAYE, *Dogme et Spiritualité chez saint Cyrille d'Alexandrie*, Vrin, 1944, p. 185-218.

(Comment. III y IV [19]). Dios es vida y lo ha creado todo para la vida. Él lo vivifica todo por su Verbo, en el Espíritu Santo. El hombre pecador se halla particularmente necesitado de salvación; salvación tanto de la muerte como del pecado. A este fin, el Verbo, «fuerza vivificante» de Dios, se encarnó sin alteración: asumiendo nuestra carne, la libra de la muerte y nos da acceso a la incorruptibilidad (ἀφθαρσία). Cristo se comunica a nuestras almas por el Espíritu Santo, a nuestros cuerpos por la comunión sacramental. Mediante nuestra unión con la carne y la sangre del Verbo de vida, tenemos la vida *en* nosotros mismos (no, ciertamente, *por* nosotros mismos: eso corresponde únicamente a la humanidad de Cristo unida sustancialmente al Logos, que *es* la vida por naturaleza). Por nuestra unión con el *ser* del Verbo encarnado, recibimos en nosotros mismos la fuerza divina de vida y de inmortalidad, de pureza y santificación, que le es inherente y connatural. Porque «sin la *presencia* de Cristo es imposible que el hombre se salve y se libre de la muerte, no estando con él *nuestra vida*» *(Comment. in Mt 26,26; PG 72,452).* El centro de interés es la recepción de la vida mediante la comunión, pero el supuesto indispensable es la presencia real de aquel que *es* la vida bajo las apariencias de pan y vino [20].

Podríamos hallar además datos interesantes *en san Juan Crisóstomo* [21], *Teodoreto de Ciro* [22], *san Máximo el Confesor* [23], *san Juan Damasceno* [24], (textos reunidos por J. SOLANO, en *Textos eucarísticos...*), etc...

---

19. Véase en particular el comentario de los v. 35.48-50.52.54-59.64 del cap. 6; PG 73,517-521.560-561.565.577-585,593-596, 601-604.
20. Véase también un texto muy significativo en *Ep. 17* (a Nestorio) PG 77, 113C-116A, o en las actas del Concilio de Éfeso, por ejemplo en COD, p. 43.
21. SAN JUAN CRISÓSTOMO, *Hom. 82 in Mt; Hom. 46-47 in Ioh; Hom. 24 y 27-28 in 1Cor; De Sacerdocio* VI, 4, etc... (PG 58,737-746; 59,257-268; 61,199-206 y 221-235; 46,680-681).
22. TEODORETO DE CIRRO, *Comentario a 1Cor 11,20-34; Eranistes,* dial. 1-3 (PG 82, 316-320; 83,52-57.165-169.269-272).
23. SAN MÁXIMO EL CONFESOR, *Mystagog.* 24 (PG 91,701-705).
24. SAN JUAN DAMASCENO, *De Fide Orthod.* IV, 13 (PG 94,1136-1153).

La acción eucarística se concibe como un *misterio*, a saber, una acción ritual que *significa* y a la vez hace *presente* una realidad trascendente. Cristo obra, en el celebrante y por él, como Logos que nutre los hombres y al mismo tiempo como sumo sacerdote de Dios. Los alejandrinos y capadocios ponen de relieve la presencia actual, los antioquenos, por el contrario, realzan más la continuación, la «re-presentación» del sacrificio redentor. Para mejor expresar esta idea usan el concepto bíblico de *memorial* en conjunción con el esquema helenístico de misterio. Los actos redentores que se conmemoran son todos los realizados por Cristo desde la encarnación a la ascensión, y, más aún, hasta la parusía, destacando principalmente el triduo pascual. La continuidad entre encarnación y eucaristía la ponen de relieve los alejandrinos y capadocios siguiendo a Jn 6; los antioquenos, por su parte, afirman que en la eucaristía el Verbo vuelve a tomar un cuerpo, por decirlo así, a fin de unirse a nuestra pecadora y mortal naturaleza y comunicarle su fuerza divina de vida y de santidad. Las perspectivas, acerca de esas aserciones esenciales comunes, difieren entre las dos tradiciones: la alejandrina ve ante todo en la comunión el *ser* eterno del Logos comunicándose a los fieles; la antioquena cifra el centro de interés en la presencia actual y sacramental (incruenta) del acontecimiento pascual (cruz, resurrección).

§ IV. Los padres latinos de los siglos III al VII.

I. SAN CIPRIANO DE CARTAGO [25].

En varios pasajes de su obra, principalmente en su famosa *Carta 63 a Cecilio*, afirma con toda su autoridad de primado de la provincia, la fe eucarística de las Iglesias africanas. El

---

25. Se hace eco, en cierto modo, del pensamiento de Tertuliano.

motivo de esa carta es combatir, con buenas razones, la práctica introducida por ciertos obispos (acuarianos) de celebrar la eucaristía con pan y agua sola. En los párrafos 3 al 8, el autor recuerda el simbolismo del vino, único elemento apropiado al significado de la misa, memorial del sacrificio de Cristo en la cruz: Noé prefiguró la pasión de Cristo embriagándose de vino; Melquisedec, figura de Cristo, ofreció pan y vino; el vino recuerda la sangre e inversamente (cf. Gén 49,11, aplicado a la victoria del Mesías; Is 63,2). Los párrafos 9 al 18 basan la argumentación en la institución de la eucaristía por Cristo en la cena. En estos y en otros muchos pasajes de sus obras [26], san Cipriano da al rito eucarístico la denominación de *oblatio* y *sacrificium* y no se trata de meros títulos: ese memorial de la cruz, en que el vino figura la sangre de Cristo, es un verdadero sacrificio, es la actualidad sacramental del único sacrificio del Calvario y la aplicación de sus frutos a los vivos y difuntos. Aunque nada diga sobre el devenir sacramental del pan y del vino, afirma con fuerza y claridad el resultado del mismo: lo que era pan es *cuerpo de Cristo*, lo que era vino es *sangre de Cristo*. De ahí deduce los efectos de la comunión, en particular la fuerza sobrehumana que de ella reciben los mártires [27] y el cuidado con que se debe alejar de ella a los indignos (especialmente a los *lapsi* antes de cumplida su penitencia).

Cipriano destaca el simbolismo de unidad que entrañan el pan y el vino, formados por la unificación de numerosos granos de trigo o de uva: la unión sacramental de cada uno de los fieles con Cristo consolida la unidad de la Iglesia.

Notemos finalmente (párrafo 14) la aserción de la responsabilidad actual de Cristo, en cada misa, donde se hace representar, como pontífice, por el celebrante. Tenemos aquí el argumento más firme y mejor fundado en favor del uso del vino en la misa: lo que hizo el mismo Cristo en la cena y lo que nos mandó repetir.

---

26. San Cipriano, *Ep.* 1,2; 5,2; 66,9; *De lapsis* 26.
27. San Cipriano, *Ep.* 57,2-4; 58,1; 61,4; 63,5.

San Ambrosio de Milán, en sus comentarios sobre la liturgia pascual, *De Sacramentis*, IV-V, *De Mysteriis*, 8-9, afirma en primer lugar la superioridad de la eucaristía respecto a las prefiguraciones del Antiguo Testamento (repite por su cuenta la antítesis joánica entre maná y pan de vida y el tema de Melquisedec superior a Abraham, cf. Heb 7, donde no se trata, sin embargo, de la eucaristía); luego asevera la institución divina de la misma. Insiste en la transformación que se realiza en el pan y el vino: «Este pan es pan antes de las palabras sacramentales; mas una vez que recibe la consagración, de pan se hace carne de Cristo... Esta consagración, ¿con qué palabras se realiza y quién las dijo? Con las palabras que dijo el Señor Jesús. Porque todo lo que se dice antes son palabras del sacerdote... mas en cuanto llega el momento de realizar el sacramento venerable, ya el sacerdote no habla con sus palabras, sino que emplea las de Cristo. Luego es la palabra de Cristo la que hace este sacramento» [28]. Esta palabra es aquella con la que todo ha sido hecho: tiene, por consiguiente, poder bastante para realizar la transformación. «Pues la palabra de Cristo, que pudo hacer de la nada lo que no era, ¿no puede cambiar las cosas que son en aquello que no son?» *(Myst.* IX, 52). Y subraya: «Antes de la consagración no era esto ciertamente cuerpo de Cristo; mas después de la consagración, yo te aseguro que es ya cuerpo de Cristo» *(Sacr.* IV, 4,16). Tiene lugar aquí un milagro análogo al de la concepción virginal en la encarnación, o a los que realizó Moisés durante el éxodo, o a los del profeta Eliseo, etc... Después del pan y de modo semejante, el vino se cambia también en sangre de Cristo, para comunicarnos la remisión de los pecados; el agua mezclada con el vino recuerda el agua de la roca del éxodo (cf. 1Cor 10,4), que no era más que una figura del «agua viva» que prometió Cristo (cf. Jn 4,

---

28. San Ambrosio, *Sacr.* IV, 4 (14). Cf. trad. francesa B. Botte, *Ambroise de Milan*, «Sources chrétiennes» 25, p. 82 (Éd. Cerf, 1950).

14) y que se nos da en la eucaristía. Recuerda asimismo el agua que salió, junto con la sangre, del costado abierto del crucificado (Jn. 19,32-35).

La eucaristía es el «pan substancial y cotidiano» que pedimos a Dios en el padrenuestro de la misa: substancial (ἐπιούσιος) porque alimenta la substancia de nuestras almas; *cotidiano* porque debería tomarse todos los días. «Recibe todos los días lo que todos los días te ha de aprovechar. El que no merece recibirlo cada día, no merece recibirlo de año en año» *(Sacr.* v, 4,26): es la medicina diaria de nuestros pecados.

Acerca del carácter sacrificial de la eucaristía, Ambrosio es mucho más circunspecto. Su fe se revela en varias alusiones harto claras: simbolismo de Melquisedec y de su ofrenda, denominación habitual de la *mesa* eucarística *(mensa)* con el término *altar (altare),* testimonio de la oración que sigue inmediatamente al relato de la cena, *efusión* sacramental de la sangre *por la remisión de los pecados.* Una frase algo más explícita sugiere cómo es la misa un sacrificio: «Cuantas veces se ofrece el *sacrificio, se significa* la muerte del Señor, la resurrección del Señor, la ascensión del Señor y la remisión de los pecados» *(Sacr.* v, 4,25).

III. SAN AGUSTÍN.

En África, *san Agustín* [29] merece particular atención por la extensión, la riqueza, y a veces también la dificultad de sus textos eucarísticos, pese al carácter ocasional de los mismos.

1. *Sacrificio y acción eucarística, según san Agustín.*

Tomemos como punto de partida la teoría general del *sacrificio* ampliamente explicada en el *De Civitate Dei* 10,4-6: el *verdadero* sacrificio es el movimiento del alma hacia Dios, ex-

---

29. Cf. HUGO LANG, O.S.B., *S. Aurelii Augustini textus eucharistici selecti,* «Florilegium Patristicum», fasc. 35 (Hanstein, Bonn 1933).

presado en un acto apropiado. La inmolación de víctimas es mucho menos importante que la consagración de sí mismo y la ascesis. Atraída hacia Dios por Cristo sumo sacerdote y víctima a la vez, la Iglesia es toda entera sacrificio por participación en el sacrificio por excelencia, que es el de Cristo.

La eucaristía, al renovar diariamente el sacrificio de Cristo, *in sacramento,* figura el sacrificio de la Iglesia, que brota de aquél. «Cristo fue inmolado una sola vez en su persona y es inmolado cada día, *en el sacramento,* por el pueblo. Por eso no mentiría quien, al preguntárselo contestara que es inmolado ahora. Los *sacramentos* no serían en absoluto *sacramentos* si no tuviesen ciertas semejanzas con aquellas realidades de que son *sacramentos*» *(Epist.* 98,9; PL 33,363). He ahí la misa clasificadora como sacrificio *sacramental.* Nos falta averiguar ahora el sentido exacto de *sacramentum* en san Agustín: aquí el término puede traducirse bastante bien por el correlativo «sacramento», pero no siempre sucede así [30]. En resumen, ese vocablo en san Agustín denota: signo religioso (rito, acontecimiento simbólico, etc...); la realidad significada es la *res* del *sacramentum,* que no hay que confundir con la eficacia espiritual del signo, cuando la hay, y le está unida orgánicamente.

Para la inteligencia cabal de la acción eucarística hay que situarla en el interior del *verdadero sacrificio* considerado en su totalidad: el acto sacrificial de Cristo, que muere y resucita y arrastra a la Iglesia en su movimiento hacia Dios. Es el signo sagrado mediante el cual el único sacrificio de Cristo se hace actual todos los días a fin de que los cristianos participen de él: en dicho sacrificio la Iglesia, juntamente con Cristo su cabeza, es a la vez oferente y ofrenda. Cristo «es él mismo el que ofrece y él mismo la oblación. Fue su voluntad divina que el sacramento de esta realidad constituyese el cotidiano sacrificio de la Iglesia, la cual, siendo cuerpo de esta cabeza, aprende a

---

30. Véase a ese respecto el *Tratado de los sacramentos* en general, y también Féret, «*Sacramentum*», «*Res*» *dans la langue théologique de saint Augustin,* RSPT, 1940, 218-243, y Camelot, *Sacramentum. Notes de théologie augustinienne,* RT, 1957, 429-49.

ofrecerse a sí misma por él» *(Civ. Dei* x, 20). Mediante ese signo y la acción por él realizada, los fieles se congregan y se funden cotidianamente en un solo cuerpo, cuerpo sacerdotal y victimal de la Iglesia, conducida al Padre por el Hijo encarnado; la eucaristía es signo eficaz de unidad [31]. Los fieles han de unirse plenamente al sacrificio de la misa comulgando en ella sacramentalmente y uniéndose entre sí con toda verdad.

Por ser el sacrificio del Cristo total, la misa aprovecha al Cristo total; es glorificación de Cristo y de los bienaventurados, purificación y santificación para la Iglesia militante, sufragio para los fieles difuntos [32].

2. *Presencia real de Cristo, según san Agustín.*

El pensamiento agustiniano es más complejo y más expuesto a confusiones en lo que atañe a la presencia real de Cristo [33].

1) Por una parte, revela una orientación simbolista bien conocida ya y muy coherente con la noción de sacramento signo. Como sus predecesores, se complace en considerar el pan y el vino como una figura del cuerpo y de la sangre, y llega hasta sugerir la equivalencia de la figura «en cuanto tal» con la realidad figurada. Fácilmente podría colegirse, por ejemplo, de *Ep.* 98,9 (PL 33,363-64), que el pan eucarístico puede llamarse cuerpo de Cristo del mismo modo que cualquier domingo puede ser denominado día de la resurrección del Señor. Además, Agustín rechaza denodadamente una interpretación cafarnaíta de la eucaristía: al comer la hostia, no se mastica a Cristo, que permanece localizado en el cielo, después de la ascensión; la comunión eucarística exige una manducación es-

---

31. Cf. *Sermones* 227 y 272.
32. *Sermones* 172,2; 310,2; PL 38,936-37.1413.
33. Cf. Camelot, *Réalisme et Symbolisme dans la doctrine eucharistique de saint Augustin*, RSPT, 1947, 394-410. Véase también en lo que se refiere a la influencia ejercida por este pensamiento complejo de san Agustín sobre la teología eucarística medieval, las numerosas referencias y conclusiones de H. de Lubac, *Corpus Mysticum*, ²1949, en particular p. 147-152.258-267.289-291.

piritual [34]. Notemos, por último, la insistencia con que pone de relieve el simbolismo eclesiológico: no rara vez queda uno con la impresión de que el cuerpo eucarístico de Cristo se identifica con su cuerpo místico, la Iglesia [35].

Falta saber si eso excluye o, por el contrario, presupone la presencia sacramental del cuerpo y sangre de Cristo.

2) *El realismo eucarístico* de Agustín se revela en varios textos que comentan a Jn 6,53-56, que vienen a ser un complemento los *Tractatus in Ioannem:* descartada toda interpretación cafarnaíta, se trata precisamente de alimentarse sacramental y espiritualmente del mismo cuerpo que el Verbo recibió de María [36]. Pero, Agustín evita sistemáticamente ser demasiado explícito ante un auditorio compuesto, en parte, de catecúmenos: reserva para los bautizados la plena inteligencia del contenido de la eucaristía. Cf. *Sermones* 132,1 (se trata de comer la *caro* de Cristo: ese vocablo no puede significar el cuerpo místico) y el *Sermón sobre los sacramentos en el día de pascua* (GUELFERB. 7) [37], donde puede verse un acusado realismo eucarístico y un simbolismo eclesiológico bien desarrollado, etc...

Por consiguiente, no hay que extrañarse de, la vaguedad en que se mantiene de ordinario san Agustín; importa sobre todo atenerse a los pocos textos que revelan su realismo sacramental [38], donde «la carne que nació del seno virginal» se nos presenta como la víctima ofrecida a Dios en la eucaristía, etc... A veces se refiere explícitamente a la transformación que la consagración realiza en el pan y el vino: mediante las palabras consecratorias el pan «se hace cuerpo de Cristo» [39],

---

34. Cf. *Sermones* 131,1; PL 38,729-30; *De Doctr. christ.* III 16(24); PL 34,74-75; etc.
35. Cf. *In Io,* tract. XXVI y XXVII.
36. Cf. *Enarr.* I *in Ps* 33,6-8; *in Ps* 89,9.
37. Reeditado por G. MORIN en *Sermones post Maurinos, Miscel. Agostin.,* t. I, 1930, p. 462-464 y en el *Supplement de la Patrologie latine* editado por A. HAMMAN, t. II, col. 554-556.
38. *Sermones* 235,2; PL 38,118-119; *De Trin.* IV. 14,19; PL 42,901.
39. *Sermones* 227; PL 38,1099; *Sermones* 234,2; PL 38,1116; etc.

gracias a la intervención activa del Espíritu Santo [40]. Las disposiciones del que comulga no cambian nada del contenido del sacramento, sólo modifican sus efectos en el sujeto [41].

3) *La conciliación* entre las dos series de textos no es difícil, si ahondamos en profundidad: Agustín no se interesa por la eucaristía en sí misma, sino por su finalidad última, a saber, la unión de los cristianos con Cristo y entre sí, esbozo de la bienaventurada eternidad. A través del signo su pensamiento se lanza inmediatamente hacia esa última significación. Y el camino que sigue es el mismo de toda la tradición: la fe en la presencia real de Cristo en los signos sacramentales, la transformación del pan en su «carne» y del vino en su sangre. Si faltare esa presencia, el sacrificio de la Iglesia no sería promovido y animado por el de su cabeza, y los fieles en la comunión no recibirían, en participación, la vida eterna del Verbo encarnado. La unidad del cuerpo místico no es obra de los miembros, es la cabeza quien comunica esta unidad mediante el don real y eficaz que le hace de sí misma en el sacramento. Lejos de substituir al realismo eucarístico, el eclesial lo presupone y garantiza; la realidad de la Iglesia está simbolizada y es vivificada por los signos eucarísticos porque Cristo figura y opera mediante ellos el don de su ser humano y divino.

Muchos más datos interesantes podrían hallarse en *san Hilario de Poitiers* [42], *san Jerónimo* [43], *san Fulgencio de Ruspe* [44], *san Cesáreo de Arles* [45], *san Gregorio Magno* [46], *san Isidoro de Sevilla* [47], textos reunidos en J. SOLANO, *Textos eucarísticos...*

---

40. *De Trin.* III, 4,10; PL 42,874.
41. *Sermones* 71,11.17; PL 38,453; *Sermones* 272; PL 38,1248; etc.
42. SAN HILARIO DE POITIERS, *De Trinitate* VIII, 13-17 y X, 18; PL 10,245-349. 356-357.
43. SAN JERÓNIMO, *Ep.* 73,3; 120,2; PL 22,678.985-986, etc...
44. SAN FULGENCIO DE RUSPE, *Ad Monimum* 2-7 y 9-12; *Ep.* 12,11(24-26); 14(39-46); PL 65, 179-192.390-392.427-433), etc...
45. SAN CESÁREO DE ARLES, *Sermones* 73; 74; 227 (ed MORIN, CCL 103,306-309. 310-312; 104,897-900, insertos ya en el apéndice a los sermones de san Agustín con los n.° 281,282 y 229; PL 39,2276-2278.2278-2280.2166-2168; etc...
46. SAN GREGORIO MAGNO, *Dialog.* IV, 55.59; PL 77,416-417.421.428; etc...
47. SAN ISIDORO DE SEVILLA *De eccl. officiis* I, 18; PL 83,754.757; etc...

Estas indagaciones o sondeos en la tradición nos permiten formular, como conclusión, la tesis siguiente:

Tesis II. *Ab initio, decursuque saeculorum apertius, docet Ecclesia Eucharistiam esse Christi sacrificium verum ac mysticum, quo panis et vinum fiunt Corpus et Sanguis Domini, et ex quo communicantes accipiunt peccatorum remedium, unitatisque signum ac aeternae vitae cibum* (historice certa).

Desde un principio y cada vez con mayor claridad a lo largo de los siglos, la Iglesia enseña que la eucaristía es el verdadero y «místico» sacrificio de Cristo en que el pan y el vino se convierten verdaderamente en el cuerpo y sangre del Señor, y mediante la comunión de los mismos se recibe el remedio por los pecados, el signo de la unidad y el alimento de la vida eterna *(históricamente cierto)*.

PARTE SEGUNDA

EXPOSICIÓN DOCTRINAL

Después de estudiar las primeras fuentes del dogma en sí mismas, vamos a ver ahora, en tres capítulos de carácter especulativo, las principales doctrinas teológicas de la edad media y de los siglos posteriores, que a ellas se refieren.

CAPÍTULO PRIMERO

EL SACRIFICIO DE LA MISA

BIBLIOGRAFÍA.

M. DE LA TAILLE, *Esquisse du Mystère de la Foi**, Beauchesne, 1924.
M. LEPIN, *L'idée du Sacrifice de la Messe**, Beauchesne, 1926.
E. MASURE, *Le Sacrifice du Chef**, Beauchesne, 1931.
E. MASURE, *Le Sacrifice du Corps Mystique**, Desclée de Brouwer, 1950.
A. VONIER, *La clef de la doctrine eucharistique**, Cerf (Abeille, 1942).
O. CASEL, *Le Mémorial du Seigneur**, Cerf, 1945.
CH. JOURNET, *La Messe, Présence du Sacrifice de la Croix**, Desclée de Brouwer, 1956.
J. A. JUNGMANN, *La Messe, Son sens ecclésial**, Desclée de Brouwer, 1958.
M. THURIAN, *L'Eucharistie, Mémorial du Seigneur, Sacrifice d'action de grâce et d'intercession*, Delachaux & Niestlé, 1959 (trad castellana: *La eucaristía*, Ed. Sígueme, Salamanca 1966).
J. LÉCUYER, *El sacrificio de la nueva alianza**, Herder, Barcelona 1968 ; parte tercera: *La eucaristía, sacrificio de la nueva alianza*.

§ I. Existencia del sacrificio sacramental.

Empezaremos por seguir el rumbo del pensamiento teológico y los triunfos de la fe en lucha contra el error; después de esto, podrá ser formulada y explicada la tesis católica.

1. *Los teólogos del siglo IX.*

En el siglo IX, Amalario de Metz [1], en su alegorismo, descubre los pormenores de la vida de Cristo en los detalles de la misa. Floro de Lyón [2], por su parte, explica con profundidad la idea del sacrificio de los cristianos en unión con el de Cristo. Pascasio Radberto [3] y Ratramno [4] están acordes en su afirmación del sacrificio sacramental. Es más realista el primero que el segundo.

2. *Alger de Lieja y los teólogos del siglo XII.*

Hacia el 1120, Alger de Lieja [5] da una buena síntesis: el sacrificio está constituido por el cuerpo y la sangre de Cristo realmente presentes, aunque inmolados sólo en figura, para conmemorar el acto redentor: las figuras del Antiguo Testamento están ya abrogadas e infinitamente superadas por la *verdad* de este cuerpo y de esta sangre; gracias a su modalidad sacramental no nos resulta insoportable su vista, aunque se nos presenten inmolados. La oblación diaria de la Iglesia no pretende ni reiterar ni completar el único sacrificio del Calvario, sino ponernos en su presencia mediante el memorial figurativo, *in mysterio,* y aplicarnos sus frutos según nuestros pecados y nuestra necesidad de gracia. Al presente, es en el Cuer-

---

1. Cf. J.M. HANSSENS, S.I., *Amalarii Episcopi opera liturgica omnia,* «Studi e Testi», n.os 138-140, 3 vols., Roma 1948 y 1950; véase por ejemplo, en el t. III, p. 229-231, el exordio de las *Eclogae de Ordine Romano;* PL 105,1315-1316; o también en el *Liber officialis* III, c. 5, n. 32; c. 8, n. 3; c. 26, n. 14; c. 35; c. 36, 1 (t. II, p. 281-282;287;347-348;367-368; PL 105,1113A-B.1115C-D.1145A-B1154-1155) etc.

2. FLORO DE LYÓN, *Expositio Missae,* PL 119,15-72; cf. P. DUC, *Étude sur l'«Expositio Missae» de Florus de Lyon, suivie d'une édit. crit. du texte*, Belley, 1937; de Floro se conservan además tres *Opuscula adversus Amalarium,* PL 119,71-95.

3. PASCASIO RADBERTO, *De Corpore et Sanguine Domini,* PL 120,1267-1350; *Ep. de Corpore et Sanguine Domini ad Frudegardum,* ibid. 1351-1366.

4. RATRAMNO, *De Corpore et Sanguine Domini,* PL 121,125-170.

5. ALGER DE LIEJA, *De Sacramento corporis et sanguinis dominici,* PL 180,739-854. Cf. L. BRIGUÉ, *Alger de Liège. Un théologien de l'Eucharistie au début du XII siècle*, Gabalda, 1936, p. 120-151.

po místico donde la Iglesia desarrolla el sacrificio real mediante la participación de los miembros en los sufrimientos de la cabeza.

Es Cristo mismo quien en la raíz de esa acción ejerce su sublime sacerdocio, operando la consagración y dando valor y eficacia al sacrificio, pese a la indignidad del ministro.

Lo esencial de esta doctrina se halla en los liturgistas y teólogos del siglo xII. Algunos de ellos, en particular Pedro Lombardo [6], juzgan inválida la celebración del sacrificio por un ministro herético o cismático que no podría representar verdaderamente a la Iglesia (opinión que será rectificada por santo Tomás) [7].

. A partir de Berengario de Tours (siglo xI), la reflexión teológica se aplica mucho más a la presencia real del cuerpo y sangre de Cristo que al aspecto sacrificial de la eucaristía [8].

3. Santo Tomás de Aquino.

Santo Tomás de Aquino se ocupa de la eucaristía en varias de sus obras [9]. Se basa en el concepto agustiniano del sacrificio en general [10] y presupone la doctrina de Cristo sacerdote [11], cuya única inmolación es eternamente eficaz. Por la consagración, Jesucristo se hace presente en el ejercicio mismo de su meditación: él es a un tiempo el don por excelencia de Dios a los hombres y el máximo servicio cultual de los hombres a Dios. En la misa se realiza de un modo eminente la triple función de todo acto sacramental: conmemorar la pasión y resurrección del Salvador, significar el don actual de su gracia, anunciar la gloria futura [12]. La misa es un sacrificio porque

---

6. Pedro Lombardo, *Sent.* iv, d. 8-13.
7. Santo Tomás de Aquino, ST iii, q. 82, a. 7.   8. Cf. más adelante, p. 121-130.
9. En particular, *In Sent.* iv, d. 8-13 y ST iii, q. 73, a. 83.
10. ST ii-ii, q. 85.   11. ST iii, q. 22.
12. Esa triple función de la eucaristía es mencionada sucesivamente en iii, q. 73, a. 4; las tres oraciones de la misa del *Corpus Christi* se inspiran asimismo, por su orden, en los tres aspectos de la significación eucarística; el paralelismo indicado por A. Molien, *La prière de l'Église*, t. ii, 1924, p. 561-562, ha sido desarrollado por

conmemora y *re-presenta* [13] el sacrificio de la cruz. Los ritos de la misa figuran la pasión y resurrección (en particular por medio de la presentación distinta del cuerpo y de la sangre bajo las especies de pan y vino: símbolo de la muerte violenta que separa a entrambos); sin embargo, no hay reiteración de la pasión: Cristo está indivisiblemente presente bajo cada una de las especies [14]. En el altar hay inmolación de Cristo en el sentido de que está en él re-presentada la verdadera inmolación del Calvario y por la aplicación por la víctima misma del Calvario realmente presente que en él se hace de los efectos salvíficos del sacrificio.

4. Duns Escoto.

En el siglo XIV, Duns Escoto afirma la realidad del sacrificio eucarístico, pero subraya que es la Iglesia quien lo ofrece y sólo *indirectamente* es ofrecido también por Cristo (para descartar toda apariencia de reiteración de la cruz), reconociendo, sin embargo, que la víctima que en él se ofrece no es otra que el mismo Cristo [15]. En vísperas de la reforma, Gabriel Biel formula una buena síntesis de las doctrinas precedentes: *Sacri canonis missae expositio* (1488).

II. LA OPOSICIÓN DE LOS REFORMADORES.

1. Lutero.

Lutero ataca principalmente que la misa sea una «obra meritoria» (don ofrecido a Dios para conseguir sus favores);

B. CAPELLE, *Les oraisons de la messe du Saint-Sacrament,* en «Quest. liturg. et paroiss.» abril-junio de 1946, p. 61-72.

13. «Re-presentar» expresa mejor el *repraesentare* de santo Tomás que «representar», este último término sugiere una pura evocación mental sin presencia efectiva del objeto o del acontecimiento. Véase en particular, ST III, q. 79, a. 1: «Per hoc sacramentum *repraesentatur* quod est passio Christi... Et *ideo* effectum, quem passio Christi fecit in mundo, hoc sacramentum *facit* in homine.»

14. Cf. más adelante, cap. IV § 3.

15. Cf. DUNS ESCOTO, *In Sent.* IV, d. 12-13; *Quodl.* XX.

de la Epístola a los Hebreos concluye la inexistencia de cualquier otro sacerdote fuera de Cristo y de cualquier otro verdadero sacrificio fuera del de la cruz *(De captivitate babylonica - De abroganda missa privata)* [16]. Melanchthon precisará: la misa no puede ser sacrificio propiciatorio como la cruz, pero, como toda plegaria y como toda obra buena, es un «sacrificio de alabanza» [17].

2. *Zwinglio.*

Zwinglio [18] desarrolla la argumentación añadiendo pruebas de razón a los textos bíblicos. En particular establece la identidad entre oblación, inmolación y muerte (Cristo no puede ya morir, por tanto...) [19].

3. *Calvino.*

Calvino fijó su pensamiento a partir de la edición de 1539 de su *Institutio religionis Christianae;* véase, además de las posteriores ediciones de esta obra, el *Traité de la Sainte Cène* (1541) [20]. Reconoce ante todo el carácter tradicional de la doctrina del sacrificio eucarístico, pero atribuye a obra de Satán esa tradición: la misa, en efecto, pretende merecer la gracia divina,

---

16. Véase también los *Artículos de Esmalcalda* (redactados por Lutero en 1537): «La misa, como se dice en el canon y en los demás libros [litúrgicos], no es ni puede ser otra cosa que una obra humana (ejecutada hasta por personas indignas), una obra mediante la cual uno puede obtener para sí mismo y también para otros la reconciliación con Dios, adquirir y merecer la remisión de los pecados y la gracia (es eso lo que se afirma ser la misa cuando es dignamente celebrada, y si no, ¿qué sería?) Pues bien, hay que rechazarla, porque todo eso está en contradicción palmaria con el artículo capital que afirma que el que lleva nuestros pecados no es un celebrante de misas, indigno o piadoso, sino el cordero de Dios y el Hijo de Dios» (2.ª parte, art. 2; cf. trad. francesa en *Oeuvres* (obras escogidas), Labor et Fides, t. 7, 1962, p. 230). Véanse también los textos citados por A. NYGREN, *Erôs et Agapè*, Aubier, 1952, t. 3, p. 267, n. 1. Cf. R. PEUCHMAURD, *La messe est-elle pour Luther une action de grâce?*, RSPT, 1959, p. 632-642.

17. Cf. MELANCHTHON, *Apologie de la Conbess. d'Augsbourg*, art. 24, citado por R. PEUCHMAURD, ibid., p. 641, n. 74.

18. Cf. J.-V.-M. POLLET, *Zwinglianisme*, DTC 3825-3842.

19. Cf. ZWINGLIO, *De canone missae epichiresis* y *Antibolon*.

20. CALVINO, *Oeuvres* (choisies), Éd. «Je sers», t. 2, 1934, p. 99-141.

obtener la justificación mediante una «obra» y no por la fe. Opone cinco argumentos a la tesis católica:

1.º El sacerdocio eterno de Cristo excluye cualquier sucesor o vicario.

2.º La cruz es nuestro único sacrificio: la fe en la misa relega al olvido esa verdad.

3.º La misa hace olvidar la cruz sustituyéndola en el espíritu de los fieles.

4.º Al atribuirse los frutos de la cruz, los desvalora.

5.º Desnaturaliza la cena, don de Dios a los hombres, al presentarla como don de los hombres a Dios.

San Agustín y los padres en general presentan la misa sacrificio como figura y conmemoración del único sacrificio: Calvino acepta esa idea desvirtuándola (inconscientemente sin duda). La eucaristía, considerada en sí misma, no puede ser más que un «sacrificio espiritual» o «sacrificio de alabanza» (lo mismo en Melanchthon, como hemos visto).

4. *El anglicanismo.*

El anglicanismo adopta lo esencial de las posiciones protestantes en el *Bill de los 39 artículos,* art. 31: «La oblación de Cristo, hecha una sola vez, constituye la perfecta redención, propiciación y satisfacción por todos los pecados del mundo entero (lo mismo originales que actuales); no existe, fuera de esa única oblación, satisfacción alguna por el pecado. Por consiguiente, los sacrificios de misas mediante los cuales, según se acostumbraba a decir, el sacerdote ofrecía a Dios el mismo Cristo por los vivos y difuntos, para la remisión de los pecados o de la pena a ellos debida, no eran sino fábulas impías e imposturas nefastas»[21]. No se excluye, con eso, que la eucaristía sea «sacrificio de alabanza».

---

21. Texto latino en G. CONSTANT, *La Réforme en Angleterre,* t. II, *Édouard* VI, Alsatia, 1939, p. 541-542.

5. Las Iglesias procedentes de la reforma.

Hoy en día, las posiciones adquieren mayor flexibilidad en las Iglesias procedentes de la reforma, gracias a un estudio más serio de la Escritura y de los padres. En *The Shape of the Liturgy* (1945), el benedictino anglicano Gregory Dix propone una doctrina ortodoxa de la misa. El estudio de la noción bíblica de *memorial*, promovido por F.J. LEENHARDT [22] y que M. THURIAN, miembro de la Iglesia reformada de Francia, llevó adelante, tuvo como resultado el reconocimiento, por parte de este último, del carácter sacrificial de la eucaristía en un sentido muy próximo a la ortodoxia católica [23]. Dicho movimiento no tiene aún grande extensión.

III. LA DOCTRINA DEL CONCILIO DE TRENTO.

1. Historia.

El examen de la doctrina sobre el sacrificio de la misa se inició en diciembre del 1551, poco después de la XIII sesión (relativa a la eucaristía), y tras una interrupción de diez años debida a las circunstancias, se reanudó en julio del 1562.

Un proyecto de decreto en 4 capítulos y 12 cánones (6 de agosto) planteó la cuestión de si la cena fue o no un verdadero sacrificio (los protestantes lo negaban, extendiendo la negativa a la misa, renovación de la cena) [24]. Siguió una nueva redacción (5 de septiembre) en 9 capítulos y 9 cánones, cuya discusión no duró más que la jornada del 7: la mayoría, negando toda concesión a los innovadores, definió que la misa es un

---

22. F.J. LEENHARDT, *Ceci est mon Corps*, «Cahiers théologiques» 37, Delachaux et Niestlé, 1955; cf. P. BENOIT, *Exégèse et théologie*, t. I, 1961, p. 251-252 (o RB, 1959, p. 581-582).

23. M. THURIAN, *L'Eucharistie: mémorial du Seigneur, sacrifice d'action de grâce et d'intercession*, Delachaux et Niestlé, 1959.

24. J. RIVIÈRE resume las controversias sobre este tema en el art. *Messe*, DTC, col. 1116 (enero 1552).1122-1123 (verano 1562).1130-1132 (comentario de la redacción final).

sacrificio idéntico al de la cruz, por sus factores esenciales: el mismo sacerdote y la misma víctima (ses. xxii).

2. *Institución del sacrificio de la misa.*

El capítulo i trata de la institución del sacrificio de la misa. Después de un proemio sobre el sacerdocio de Cristo «según el orden de Melquisedec» (cf. Heb) sigue un período: «Is igitur Deus...» [25], que expone lo esencial de la doctrina:

1) *Unicidad del sacrificio de la cruz y perennidad del sacerdocio de Cristo:* muriendo una sola vez, Jesús se ofreció al Padre en sacrificio redentor; «como, sin embargo, no había de extinguirse su sacerdocio por la muerte» (en el plano de los signos cultuales visibles); de ahí la institución realizada en la cena.

2) *Finalidad de esta institución:* «dejar a su esposa amada, la Iglesia, un sacrificio visible, como exige la naturaleza de los hombres — por el que se representara aquel suyo sangriento que, una sola vez, había de consumarse en la cruz, — y su memoria permaneciera hasta el fin de los siglos, y su eficacia saludable se aplicara para la remisión de los pecados que diariamente cometemos.»

3) *Realización:* Jesús, en la cena, «ofreció a Dios Padre su cuerpo y su sangre bajo las especies de pan y vino, y bajo los símbolos de estas mismas cosas, los entregó, para que los tomaran sus apóstoles... y a ellos y a sus sucesores en el sacerdocio, les mandó... que los ofrecieran.» Con ello se declaró «sacerdote constituido para siempre según el orden de Melquisedec». La materia no la constituyen el pan y el vino, sino el cuerpo y la sangre de Cristo realmente presentes bajo dichas especies (cf. ses. xiii).

---

25. Dz 1740; † 938.

Por consiguiente, la cena es una oblación, y nada nos induce a pensar que sea un sacrificio aparte del de la cruz, y como por sí mismo; al mismo tiempo la cena es un don hecho a los hombres. El objeto de esta oblación ofrecida a Dios y de este don hecho a los hombres, es el ser mismo de Cristo realmente presente y representado en su inmolación del Calvario. Cristo manda a los apóstoles y a los herederos de su sacerdocio repetir hasta el fin de los tiempos lo que él hizo.

El largo período termina con la afirmación del carácter tradicional de esta doctrina: «Así lo entendió y enseñó siempre la Iglesia.» A continuación la eucaristía es presentada como la nueva pascua, como la «oblación pura» profetizada por Malaquías 1,11 y como realización de lo prefigurado en los sacrificios del Antiguo Testamento.

La relación de la misa con la cena está bien definida como filiación histórica; la homogeneidad radical de los dos ritos se afirma en el orden de la oblación, no del sacrificio, pues no estaban acordes sobre este particular los padres conciliares [26].

Los puntos básicos de este capítulo están definidos como verdades de fe en los dos primeros cánones [27].

«Si alguno dijere que en el sacrificio de la misa no se ofrece a Dios un verdadero y propio sacrificio, o que el ofrecerlo no es sino dársenos Cristo como alimento, sea anatema.»

«Si alguno dijere que con las palabras: Haced esto en memoria mía, Cristo no instituyó sacerdotes a sus apóstoles, o que no les ordenó que ellos y los otros sacerdotes ofrecieran su cuerpo y su sangre, sea anatema.»

3. *Valor propiciatorio de la misa.*

La sesión XXII prosigue el estudio de otros aspectos particulares que veremos más adelante. Destaquemos por el momento,

---

26. Cf, por ejemplo el resumen de las discusiones por A. MICHEL, en HEFELE-LECLERCQ, *Histoire des Conciles*, t. x, 1938, p. 432 y 435-438.

27. Dz 1751-1752; † 948-949.

en el cap. II, la razón que se da del valor propiciatorio de la misa: una y la misma es la víctima que se ofreció en el Calvario, uno mismo el principal oferente, el que se ofrece ahora por ministerio de los sacerdotes, de un modo incruento, y se ofreció entonces en la cruz. Esta oblación incruenta aplica hoy los frutos de la inmolación consumada anteriormente en el Calvario. De una causa idéntica se siguen efectos idénticos (no sólo semejantes). El concilio no precisa en qué medida se trata del mismo acto.

En la encíclica *Mediator Dei* (1947) desarrolla Pío XII la doctrina conciliar [28]

IV. CONCLUSIÓN DOCTRINAL.

Tesis III. *In missa offertur Deo verum et proprium sacrificium Christi per commemorationem et repraesentationem Sacrificii semel in cruce peracti* (de fide catholica).	En la misa se ofrece a Dios el verdadero y propio sacrificio de Cristo, mediante la conmemoración y representación del sacrificio realizado una sola vez en la cruz *(de fe católica).*

1. *Objeto de la tesis y definición de los términos.*

Sacrificium significa un homenaje tributado a Dios mediante la ofrenda de una cosa sensible *(oblatio),* con alguna inmutación de la misma, frecuentemente la destrucción *(immolatio),* que expresa materialmente su transferencia al dominio de Dios.

Tal es el sacrificio propiamente dicho. Aquí se afirma que la acción eucarística es de este tipo, e irreductible a un «sacrificio espiritual» o *sacrificium laudis* en sentido más restricto, o sea, como el homenaje puramente interior de la comunidad que celebra.

---

28. Pío XII, *Mediator Dei,* parte II, sección I: *AAS,* 1947, p. 547-552; Dz 3847-3848; 3849-3850; † 2300; trad. castellana en P. Galindo, *Colección de encíclicas y documentos pontificios,* Acción católica, Madrid ⁶1962, I, p. 1094-1098.

Por otra parte se afirma que la misa tiene este alcance sacrificial no independientemente del sacrificio de Cristo en cruz, sino por el contrario, en él y por él. Vamos a ver en primer lugar por qué la eficacia definitiva y sobreabundante del único acto redentor tiene que desplegarse al correr de los tiempos en una multiplicidad de celebraciones sacramentales. Luego veremos como cada una de esas celebraciones participa de la misma naturaleza sacrificial del acto redentor cuyo memorial es, por voluntad expresa del único eterno Sacerdote quien preside por sí mismo la celebración.

2. *Cena y misa en la historia de la salvación.*

1) *El acto único de la redención* comprende toda la actividad de Cristo en la historia humana, desde la encarnación a la parusía, pero ante todo la serie de acontecimientos decisivos mediante los cuales pasó de Israel a la Iglesia la responsabilidad de ser comunidad de salvación: cena, cruz, glorificación de Cristo.

De este acto central, pues, se siguió para la Iglesia un *estado definitivo,* su misma existencia como esposa y cuerpo de Cristo, consorte de Cristo (ya definitivamente glorioso) en la nueva alianza, medio de que se sirve el Señor para continuar su manifestación y actuación en el mundo.

2) *La institución eclesiástica* así constituida, tiene en sus orígenes a Cristo como fundador, y al presente es el mismo Cristo quien la anima mediante su Espíritu omnipotente; lo cual se verifica principalmente en el rito que ocupa el lugar central de esta institución, el rito eucarístico. Inaugurado por Jesús la víspera de su pasión, fue erigido en institución permanente mediante la orden de reiteración dada a los apóstoles, con el fin de situar constantemente a los fieles en presencia efectiva (y no solamente mental) del Salvador en el ejercicio del acto salvador, quien les aplica, por ese medio, los frutos del

mismo. El rito eucarístico expresa y realiza la unión permanente, indisoluble, de Cristo y de la Iglesia.

3) La realidad permanente de la Iglesia y de la eucaristía sólo existe *en una multiplicidad y por una multiplicidad, una sucesión indefinida de actos:* lo que la Iglesia *es* definitivamente por don de Cristo y del Padre, lo *recibe* incesantemente en su actuación histórica vivificada por la caridad, y en los ritos, en los sacramentos sobre todo. Porque los miembros de la Iglesia deben ejercitarse sin cesar en apartarse del pecado y reunirse en la fe y en la santidad, mediante los actos del culto. Mientras que el incesante nacer y morir va renovando la trama social de la Iglesia y el mal renace sin fin de sus cenizas, la reiteración incansable de la cena asegura la permanente actualidad y la eficacia constante del acto redentor único.

Desde los primeros años de la Iglesia, la celebración dominical de la eucaristía conmemora y hace efectiva la pascua de Cristo. La pascua semanal de los cristianos sucede a la pascua anual de los judíos.

3. *El sacrificio en el Calvario y en el altar.*

1) *El acto redentor* [29], cuya «re-presentación» regenera incesantemente a la Iglesia, implica, en Jesucristo, dos finalidades en sentido inverso: en primer lugar es el don total del amor divino vivido por el hombre Dios, que se entrega a los hombres, pero es también el homenaje absoluto que el nuevo Adán, en nombre de la humanidad entera, tributa a su Padre celestial. Es el homenaje de obediencia filial, amorosa, hasta la aceptación de la muerte. En un mismo acto libre Cristo da la máxima expresión a la caridad «perdonante» de Dios y a la caridad «penitente» del hombre. Por esta segunda finalidad el acontecimiento del Calvario es un sacrificio, el sacrificio

---

[29]. Cf. CHOPIN, *El Verbo encarnado y redentor*, col. «El misterio cristiano», Herder, Barcelona 1968.

perfecto y decisivo, el único que tiene por sí mismo valor absoluto, cuya víctima es el ser humano de Cristo.

2) Si la *acción eucarística* es el *memorial* de dicho acto, en el sentido propio que hemos visto, esta acción implica también necesariamente esa doble finalidad o intencionalidad: es el don que Dios nos hace de su Hijo; es también el don que Cristo hace de sí mismo al Padre en nombre de todo el género humano y especialmente de su cuerpo místico, el supremo homenaje sacrificial tributado a Dios. Es inútil imaginar un *nuevo* sacrificio de Cristo: Jesús se totaliza y eterniza en su oblación, y cada vez que interviene en nuestra historia expresa siempre esa misma realidad esencial y permanente. Pero nunca la expresa más directa y explícitamente que en ese *memorial* que él mismo instituyó y que sus ministros celebran en su nombre. La misa es una nueva presencia, un nuevo aspecto del único sacrificio; es algo nuevo por parte de la Iglesia, no por parte de Cristo y de su acción [30]. *Las misas forman número entre sí, y no con la cruz.*

3) Con lo que llevamos dicho quedan resueltas las objeciones protestantes: el *celebrante* de la misa no substituye a Cristo, mas, por él, Cristo significa la ofrenda actual de su sacrificio; la cruz es ciertamente el *único* sacrificio que mediante el rito eucarístico se inserta en el tiempo actual; sólo a ese título, por la cruz y en ella, es la misa un sacrificio; la misa no *relega al olvido* la cruz, como el rito pascual judío no podía olvidar el éxodo; no reivindica para sí otra eficacia que la *aplicación* de los frutos de la cruz; no desnaturaliza la cena, por el contrario reconoce en ella, *juntamente* con el don de Dios a los hombres, el sacrificio ofrecido por Cristo

---

30. Cf. san León Magno, *Serm.* 59,7 (PL 54,341): lo que estaba prefigurado en los ritos judíos se cumple actualmente, pues la cruz «omnium est causa gratiarum: per quam credentibus datur virtus de infirmitate, gloria de opprobrio, vita de morte. Nunc etiam, carnalium sacrificiorum varietate cessante, omnes differentias hostiarum una corporis et sanguinis tui implet oblatio...»

a Dios, con la participación activa de la Iglesia. Los ataques de la reforma sólo afectan a un concepto erróneo de la misa, aquel que le atribuiría el carácter de sacrificio independientemente del de la cruz y sobreañadido al mismo.

§ II. Los diversos factores del sacrificio sacramental.

I. CRISTO JESÚS.

Tesis IV. *In sacrificio missae Christus est principalis sacerdos et hostia* (de fide catholica).

En el sacrificio de la misa, Cristo es el principal sacerdote y la víctima principal *(de fe católica)*.

Esta tesis contenida, por lo menos implícitamente, en el Nuevo Testamento, se deduce en particular del concilio de Trento, ses. XXII, cap. 2 [31]:

Una enim eademque est hostia, idem nunc offerens sacerdotum ministerio, qui seipsum tunc in Cruce obtulit, sola offerendi ratione diversa.

Una sola y la misma es, en efecto, la víctima, y el que ahora se ofrece por ministerio de los sacerdotes, es el mismo que entonces se ofreció en la cruz; sólo es distinta la manera de ofrecer [32].

Lo cual equivale a decir que la responsabilidad del sacerdote visible es meramente ministerial e instrumental. La acción del sacerdote, sólo en virtud de la orden de reiteración que dio Jesús en la cena, es sacrificio eucarístico; la responsabilidad de Cristo en dicha acción no se refiere únicamente al pasado: resucitado y cabeza de la Iglesia, él delega actualmente a sus ministros para celebrar el sacrificio, cuyo principal responsable sólo puede ser él, porque es la libre víctima del

---

31. Dz 1743; † 940.
32. Cf. Pío XII, *Media!or Dei*, AAS, 1947, p. 548, y Dz 3847-3848.

mismo. El Crucificado, después de su resurrección se sirve de sus ministros para significar eficazmente, en el tiempo presente, la ofrenda permanente que él hace de sí mismo, como víctima del Calvario, en la gloria del cielo [33]. La Iglesia no se impone a Cristo, pues el uso de los signos sacramentales le ha sido prescrito por el mismo Cristo. En la acción sacramental sólo puede intervenir Cristo por sí mismo, y lo hace, aunque se trate de una celebración indigna, por fidelidad a su promesa y por fidelidad a su Iglesia: el sacrificio eucarístico es la acción de la cabeza en su cuerpo místico.

II. EL MINISTRO.

Tesis V. *Minister sacrificii missae est solus sacerdos valide ordinatus* (de fide catholica).

El ministro del sacrificio de la misa sólo puede ser un sacerdote válidamente ordenado *(de fe católica)*.

El concilio de Trento definió que Jesucristo, en la última cena, al prescribir la repetición del rito eucarístico, instituyó un nuevo sacerdocio que confirió a los apóstoles y a sus sucesores [34]. Ya el concilio IV de Letrán (1215) había definido contra los valdenses, en forma negativa y más precisa: «Este sacramento nadie, ciertamente, puede realizarlo sino el sacerdote que haya sido debidamente ordenado...» [35].

El memorial de la cruz debe vivirlo la comunidad cristiana en una situación que responda a la realidad profunda: la Iglesia nació del sacrificio de Cristo, su fe ratificaba y aceptaba la salvación ya cumplida, no la originaba ni la exigía. La cruz

---

33. Cf. infra, p. 109 s.
34. Sesión xxii, cap. 1 y can. 2; sesión xxiii, cap. 1 y can. 1; Dz 1739-1741.1752.1764.1771; † 938.949.957.961. «Si quis dixerit, illis verbis: " Hoc facite in meam commemorationem", Christum non instituisse Apostolos sacerdotes, aut non ordinasse ut ipsi aliique sacerdotes offerrent corpus et sanguinem suum, anathema sit» (Dz 1752; † ʹ9).
35. Dz 802; † 430.

es donación al pueblo cristiano y lo engendra: de ahí la necesidad para dicho pueblo de que la presencia actual del sacrificio le sea *procurada* por otro. El ministro de dicho sacrificio no tiene su mandato del pueblo fiel, sino mediante la sucesión sacramental de los que rodeaban a Cristo en la cena y recibieron de él la orden de reiteración con los poderes requeridos. Si cualquiera de sus miembros pudiera celebrar válidamente la eucaristía, la comunidad cristiana sería *causa,* más que efecto, del sacrificio eucarístico: su situación real respecto al mismo sería a la inversa de su situación frente a la cruz, pues la Iglesia *sería fruto* del misterio pascual por el *amén* de fe, que reúne a los creyentes en la unidad del Cristo total. De ser así, tendríamos una evocación del acto redentor, no su *memorial,* pues no sería vivido de nuevo (se viviría otra cosa inversa). Mediante el sacerdote ordenado, Jesucristo se da a su Iglesia; ésta no puede sino recibir el memorial pascual ratificándolo por el *amén* litúrgico y entrando en comunión con el sacrificio, espiritualmente por lo menos.

III. LA COMUNIDAD CRISTIANA.

Tesis VI. *Cum Christo et ministro offert et offertur Ecclesia universa* (fidei proxima).

Juntamente con Cristo y el ministro, la Iglesia entera se ofrece y es ofrecida *(próximo a la fe).*

Tal es la doctrina de varios padres de la Iglesia, en particular de san Agustín, del cual se hace eco Pío XII en su encíclica *Mystici Corporis,* de 1943 [36], y más prolijamente en la *Mediator Dei* de 1947 [37]. Algunos ritos y oraciones del Ordinario de la Misa romana actual, significan claramente que los fieles ofrecen el sacrificio juntamente con el sacerdote, observa el papa [38],

---

36. AAS, 1943, p. 232-233.
37. Parte II, sección 2.ª, § I y II: AAS, 1947 p. 552-558. Dz 3849-3852; † 2300, da lo esencial del § I.
38. Esta advertencia doctrinal, que se apoya en la base teológica de la liturgia eucarística, adquiere mucho más relieve si se confronta con un pasaje, de época tardía,

y relaciona esa participación activa de los fieles con su *carácter* bautismal («deputatio ad divinum cultum», en calidad de miembros de Cristo sacerdote). Al unirse litúrgica y espiritualmente a la celebración, los fieles ratifican el acto de oblación que Cristo y su ministro realizan en nombre de toda la Iglesia: por consiguiente, son cooferentes.

Pero, añade Pío XII, es necesario además que se ofrezcan también a sí mismos juntamente con la divina víctima, para que el sacrificio produzca todos sus efectos; la actividad litúrgica de los fieles debe expresar el «sacrificio espiritual» de toda su vida, como recomiendan 1Pe 2,5 y Rom 12,1: esfuerzo constante de conversión del pecado al servicio de Dios. A lo cual les exhortan con tanta frecuencia los textos litúrgicos, etc... Todos los elementos de la liturgia tienden a conformarnos con el Crucificado, como san Pablo (Gál 2,19-20), a fin de ser con Cristo una sola víctima, para la mayor gloria del Padre.

Jesús se ofreció a su Padre en la cruz no para que nosotros seamos tenidos por justos mientras continuamos ofendiendo a Dios con nuestros pecados, sino que «se entregó a sí mismo por nosotros para redimirnos de toda iniquidad y purificar para sí un pueblo que fuese suyo, celador de obras buenas» (Tit 2, 14). Mediante su muerte y su resurrección, ha querido ser la vid de Dios, la vid que a través de nosotros, sus sarmientos, lleva fruto abundante para gloria de su Padre (cf. Jn 15). «Yo por ellos — dijo — me consagro a mí mismo, para que ellos también sean consagrados en la verdad» (Jn 17,19). El acto supremo de su sacerdocio tiene por objeto introducirnos en el ejercicio de un sacerdocio participado (cf. Hebr 13,15-16). En

---

en que Amalario pretendía justificar el rezo de la oración sobre las ofrendas, en voz baja; «Sacerdos solius est soli Deo offerre sacrificium... Quod omnibus licet simul agere, id est gratias referre Deo, hoc adclamatur; quod ad solum sacerdotem pertinet, id est immolatio panis et vini, secreto agitur» *(Liber officialis* III, 20; ed. Hanssens, II, p. 323; PL 705,1132). De esta confrontación a un milenio de distancia no hay que sacar conclusiones prematuras; san Pedro Damiano invoca los términos del canon *(qui tibi offerunt... oblationem... cunctae familiae tuae)* para afirmar la participación activa de todos los fieles en la ofrenda del sacrificio *(Liber qui dicitur Dominus vobiscum* 8; PL 145,237; trad. fr. LMD, n.° 21 (1950, 2), p. 180. Véase también JUAN EUDES, *La vie et le royaume de Jésus* VI, 24,1637; ed. 1924, Lethielleux, p. 459-461.

ese texto se trata directamente de los «sacrificios espirituales» de la plegaria y de la caridad, no de la misa. Pero ¿cómo podría ser ésta el *memorial* del sacrificio redentor si no tuviera estrecha relación con lo que constituye el fin propio de dicho sacrificio? La misa es el vínculo sacramental que une la inmolación cruenta de la Cabeza con los «sacrificios espirituales» del cuerpo místico: Cristo reitera en ella su ofrenda en calidad de cabeza, de nuevo Adán, por consiguiente, nos ofrece a nosotros juntamente con él y provoca nuestro consentimiento verdadero, eficaz, a dicha oblación de todo su ser, cabeza y miembros (que somos nosotros). La Iglesia entera es impulsada por Cristo a comprometerse en la acción eucarística: en la misma medida y proporción en que pertenecemos a la Iglesia, somos ofrendados y oferentes en la acción eucarística, en que la voluntad sacerdotal y victimal de la Cabeza orienta y anima a los miembros mediante la acción visible del sacerdote y la misteriosa influencia del Espíritu Santo.

Mas esta participación mística debe expresarse normalmente mediante una participación concreta; la conciencia cristiana no ha separado nunca la aportación activa de la comunidad eclesial y la presencia efectiva de los fieles en la celebración eucarística. La reunión de los fieles para la misa del domingo, de mera costumbre que era en un principio, pasó a ser precepto positivo, decretado, por los concilios locales [39].

IV. LA «MATERIA» DEL SACRIFICIO.

Tesis VII. *Sacrificii et sacramenti eucharistici «materia est panis triticeus et vinum de vite, cui ante consecrationem aqua modicissima admisceri debet»* (de fide catholica).

El sacrificio y sacramento eucarísticos tienen como «materia» pan de trigo y vino de vid, al que debe mezclarse antes de la consagración una muy pequeña cantidad de agua *(de fe católica)*.

---

39. Agde, 506, can. 47; *Admonitio generalis* de 789, n.° 81; PL 97, 182 (en el n.° 80), expresada actualmente por el can. 1248 del *Código de derecho canónico*.

He ahí las propias palabras del decreto *Pro Armeniis* del concilio de Florencia [40]. Sea lo que fuere de la *posibilidad* por parte de la Iglesia de admitir un cambio en dichas «materias» sacramentales [41], no cabe dudar que actualmente son ésas y no otras, pues la Iglesia, a quien se han confiado los sacramentos, tiene potestad para determinar las condiciones de validez de los mismos.

1) *Pan de trigo* (ácimo o fermentado según los diversos ritos). Sería ciertamente inválida harina de otro cereal (cebada, arroz, etc...) y a fortiori de otras féculas (guisantes, castañas, etc...); y ciertamente válida la harina de un cereal comúnmente tenido por trigo.

La harina debe ser amasada con agua natural; la masa hay que cocerla al fuego (no meramente secada al sol o hervida o frita); eso se requiere para su *validez*.

Para su *licitud*, el pan debe ser relativamente tierno (nunca más de tres semanas), de buena presentación, y apropiadas dimensiones.

2) *Vino de vid* (blanco, rosado o tinto), no de jugo de cualquier otra fruta; extraído de las uvas maduras; no mezclado con agua en cantidad, tal es por lo menos la presente legislación [42]; condiciones todas requeridas para la *validez*. Para su *licitud*, se requiere que el jugo de la vid sea fermentado (vino), no picado ni avinagrado, sin mezclas apreciables (salvo pequeñísimas cantidades de elementos destinados a mejorarlo o conservarlo, si fuere necesario). El rito litúrgico del ofertorio, de mezclar unas gotas de agua en el vino, es obligatorio *sub gravi* [43]

---

40. Dz 1320-1322; † 698.

41. Cabe plantearse la cuestión teniendo en cuenta los cambios de «materia» efectuados en otros sacramentos (cf. H. BOUESSÉ, O.P., *Le Sauveur du Monde*, t. 4: *L'Économie sacramentaire*, St-Alban-Leysse 1951, p. 59-68), pero la Iglesia no se apartará a la ligera de un uso acreditado por el mismo Cristo.

42. Puede comprobarse en III, q. 74, a. 8, que en la época de santo Tomás la posición de la Iglesia era menos rígida. Cf. la carta de Honorio III al arzobispo de Upsala (13 diciembre 1220; Dz 822; † 441).

43. Para más precisiones consúltense las reglas generales de validez y licitud en lo que atañe a la «materia» de los sacramentos. Véase en particular, A. BRIDE, *Vin de messe*, DTC, col. 3014-3026.

y universalmente atestiguado desde los orígenes [44]; san Cipriano [45] comenta esa mezcla de agua en el vino: «Christo populus adunatur.»

V. LA «FORMA» SACRAMENTAL.

BIBLIOGRAFÍA.

S. Salaville, A.A., *Épiclèse,* en DTC v-i y *Catholicisme* iv.
G.C. Smit, *Épiclèse et Théologie des Sacrements,* en MSR, 1958, 95-136.
N. M. Denis-Boulet, en A.-G. Martimort, *La Iglesia en oración,* Herder, Barcelona ²1967, p. 448-450.

Tesis VIII. *Forma huius sacramenti sunt verba Salvatoris quibus hoc confecit sacramentum* (de fide catholica).	La forma de este sacramento son las palabras con las cuales el Salvador consagró dicho sacramento *(de fe católica).*

Son los propios términos del decreto *Pro Armeniis* [46], que corresponden a lo que afirman o sugieren numerosos textos tradicionales que se remontan a san Justino [47].

Al afirmar que las palabras de Cristo en la cena («Esto es mi cuerpo...»; «Esto es mi sangre...») son necesarias y suficientes para la validez de la misa, el Magisterio católico se enfrenta con la posición «ortodoxa» acerca de la *epiclesis.* Este término designa en general las oraciones con que se implora la venida de una Persona divina (principalmente el Espíritu Santo) para santificar una materia sacramental o el sujeto de un sacramento. La epiclesis eucarística en cuestión es una oración del canon que en las liturgias bizantinas sigue inmediatamente a la *anamnesis* (correspondiente a nuestro *Unde et memo-*

---

44. Cf. san Justino, *Apol.* i, 65.
45. San Cipriano, Ep. 63,13.
46. Dz 1321; † 698.
47. San Justino, *Apol.* i, 66,2.

res), por consiguiente se dice no antes, sino después de las palabras de Cristo en la cena. En dicha oración el sacerdote pide a Dios que envíe el Espíritu Santo sobre la oblación *para convertirla* en el cuerpo y la sangre de Cristo. Siguiendo a san Juan Damasceno [48], los teólogos «ortodoxos» concluyen de tal petición que la consagración es el resultado de la misma y, por tanto, no la precede; por consiguiente, la fórmula consecratoria es la epiclesis y no la repetición por el celebrante de las palabras de Cristo en la cena. Dichas palabras, a su modo de entender, significan por antelación lo que va a realizarse efectivamente mediante la intervención del Espíritu Santo, implorada a continuación por el sacerdote. El Espíritu Santo, en efecto, es el poder de Dios santificante y transformante, que da eficacia a las palabras sacramentales. Esta cuestión no se convirtió en materia de polémica hasta el siglo XIV, con la *Explicación de la divina Liturgia* (cap. 29) de Nicolás Cabasilas [49]. A partir de entonces los papas intervinieron varias veces, no para negar a la *epiclesis* su valor y eficacia, sino para declarar necesarias y suficientes *ad validitatem* las palabras de Cristo en la cena [50]. Con todo, ninguna de esas declaraciones es infalible, y el concilio de Trento no quiso pronunciarse sobre este particular. Puede admitirse, sin incurrir en herejía, que las palabras de Cristo en la cena, «forma» de la eucaristía, son eficaces mediante la *epiclesis*, en las liturgias bizantinas y similares, en cambio, sería herético pretender que la *epiclesis* es absolutamente necesaria y suficiente.

El hecho de implorar la venida santificante del Espíritu Santo no basta para probar que la consagración no esté ya realizada: no pudiendo decirlo todo simultáneamente, la liturgia explicita en la *epiclesis* una intención que anima toda la plegaria eucarística. Lo mismo ocurre en el rito romano de ordenación de presbíteros, la fórmula *accipe potestatem* explicita la

---

48. San Juan Damasceno, *De fide orthodoxa* IV, 13 (PG 94,1140-1145).
49. Hay traducción francesa de S. Salaville, publicada en la col. «Sources chrétiennes», n.° 4 (Éd. Cerf, 1943).
50. Cf. Dz. 1017; 2718; 2553-3556; † 2147a.

transmisión, efectuada ya (mediante la imposición de manos y el prefacio consecratorio), de los poderes de consagrar y absolver. La epiclesis es pues una expresión venerable e irreprochable, aunque contingente, de la «substancia» del sacramento; ello no excluye que, con miras a una mayor unidad, la Iglesia pueda hacer de ella una condición de validez de la consagración en las liturgias orientales. De todos modos, en una celebración normal, es el canon en su totalidad lo que constituye *la* plegaria consecratoria, con dos tiempos más notables que son el relato de la institución y la *epiclesis,* el polo cristológico y el polo pneumatológico. La materia sacramental será siempre consagrada por la virtud del Espíritu Santo implorada por la Iglesia. Pero en los casos excepcionales en que puede plantearse útilmente la cuestión del mínimo indispensable en las palabras consecratorias, la doctrina común y cierta de la Iglesia latina, apoyada en el magisterio pontificio, es que las palabras de Cristo en la cena son necesarias y suficientes para una consagración válida.

§ III. Esencia del sacrificio eucarístico.

Vamos a considerar, en primer lugar, cuál es, en la liturgia eucarística, el rito constitutivo del sacrificio (i); luego (ii-v) a qué título dicho rito es sacrificial.

I. EL RITO CONSTITUTIVO («esencia física»).

Tesis IX. *Sacrificium eucharisticum essentialiter perficitur gemina consecratione* (certum).	El sacrificio eucarístico se realiza esencialmente por la doble consagración *(cierto).*

1. Ritos propuestos como significativos de la inmolación.

A lo largo de la historia se han propuesto diversos ritos como significativos de la inmolación de Cristo, que no pueden aceptarse; notemos en particular los siguientes:

La fracción del pan (Melchor Cano, † 1560) [51]: es sin duda un símbolo expresivo, pero no indispensable a la validez de la misa.

La comunión del celebrante (Domingo Soto, † 1560) [52]; hay que tener presente que el celebrante al recibir la comunión no actúa como representante de Cristo, y el concilio Tridentino condena formalmente la reducción del sacrificio a la comunión (Dz 1751; † 948) [53].

La comunión del celebrante, unida a la consagración (san Roberto Belarmino) [54], porque añade a la ofrenda el indispensable elemento de destrucción real de la víctima; pero adviértese que la destrucción de las especies sacramentales no es lo mismo que la destrucción de Cristo víctima y que la muerte en cruz no se repite sobre el altar. La comunión no es sino una parte integrante del sacrificio.

2. El rito constitutivo del sacrificio.

La *consagración* es suficiente como rito sacrificial *(sententia communis):* mediante ella se hace presente sobre el altar la Víctima divina, en una forma que significa la inmolación, al renovar la cena y conmemorar la cruz. En el *memorial* eucarístico, es en el preciso momento de la consagración cuando se reitera la acción de Cristo en la cena, preludio de la inmolación

---

51. Melchor Cano, *De locis theologicis* xii, 13. M. Lepin cita algunos textos en *L'Idée du Sacrifice de la Messe...*, p. 346-349.

52. Domingo de Soto, *In IV Sent.* (1560), d. 8, q. 2, a. 1. Cf. M. Lepin, o.c. p. 349-350.

53. Era la tercera de las proposiciones erróneas presentadas a los teólogos del concilio para su examen el 13 de diciembre del 1551 (Theiner, *Acta... Conc. Trid.* i, p. 602, o también M. Lepin, o.c., p. 294, n. 2).

54. San Roberto Belarmino, *Controversiae de Missa* v, 27. Cf. M. Lepin, o.c., p. 383-386.

en el Calvario. La comunión, aunque sea la del celebrante, sólo reitera el acto de los discípulos en la cena, pero no constituye el sacrificio.

Siguiendo a santo Tomás [55], la mayoría de los teólogos creen necesaria la *doble* consagración por la que se representa la muerte del Crucificado mediante la significación de su cuerpo y de su sangre por separado. La encíclica *Mediator Dei* reconoce en ello la manifestación *(patet)* del sacrificio, pero nada más [56]. A tenor del CIC, canon 817, es siempre gravemente ilícito consagrar una materia sin la otra, pero nada se dice acerca de la invalidez.

II. TEORÍAS DE LA INMUTACIÓN.

¿En virtud de qué es la consagración un sacrificio? Un primer grupo de teorías afirma que el sacrificio se distingue de otras formas de oblación por un cambio *(immutatio)* que se infiere a la víctima — generalmente más o menos destructivo — para significar su transferencia del dominio del hombre al de Dios.

1. *Cambio que afecta al pan y al vino.*

La destrucción de las substancias del pan y del vino para que la substancia de Cristo ocupe su lugar bajo las especies sacramentales, constituiría la inmolación eucarística, que sólo indirectamente afectaría a Cristo (Tanner y Richeome [57]; y de forma más elaborada, Suárez) [58].

---

55. Santo Tomás, ST iii, q. 74, a. 1, ad 2; q. 76, a. 2, ad 1.

56. AAS, 1947, p. 563; Dz 3854. Se invoca a veces — como hizo el arzobispo de Upsala el 7 de enero del 1552, y Salmerón el 8 de septiembre del 1551 — un privilegio de Sixto iv o de Inocencio viii concediendo a Noruega la consagración bajo la sola especie de pan; se trata, sin duda, de un documento redactado por dos falsarios; cf. L. Pastor, *Historia de los papas* v, p. 341 de la edición francesa, y *Conc. Trid. Act.* (Soc. Goerres). vii (1961), p. 120, n. 13. Con todo, la cuestión, debatida en el Concilio, no quedó resuelta.

57. DTC 10, 1169.

58. Suárez, *Comment. in III partem D. Thomae,* disp. 75, Cf. M. Lepin, o.c., p. 366-373.441-443.

2. Cambio que afecta a Cristo.

La «inmolación virtual» se verifica por las palabras de la consagración, las cuales tienden de suyo a la inmolación real de Cristo mediante la separación del cuerpo y de la sangre bajo las especies de pan y vino respectivamente; el efecto de dichas palabras queda impedido *per accidens* a causa de la presencia concomitante de la sangre bajo la especie del pan y del cuerpo bajo la especie del vino; pero dicha inmolación virtual, de suyo, es suficiente para el sacrificio sacramental. Tal es la opinión de Lessio [59], y Billuart [60].

San Roberto Belarmino (l.c.) exige, para que el sacrificio sea actual, una inmolación actual y no sólo virtual, y sitúa dicha inmolación en la comunión del sacerdote, que completa la consagración y hace perder a Cristo su «ser sacramental».

Juan de Lugo [61] va más lejos: la inmolación de Cristo en la misa se verifica mediante las palabras de la consagración que lo reducen a un estado inferior *(status declivior)* inepto para los actos normales de una vida corporal humana y reducido al estado de pura comida. Esta concepción presupone una noción de sacrificio que incluye esencialmente la destrucción, al menos parcial, de la víctima. Entre sus adeptos cabe señalar Franzelin [62].

3. Crítica de estas teorías.

En el activo de estas teorías hay que indicar la aseveración vigorosa de un sacrificio actual en la eucaristía, y el reconocimiento de la mediación de cierto mal físico en el homenaje

59. Lessio, *De perfectionibus divinis* xii, *De misericordia divina*, c. 13. Cf. M. Lepin, o.c., p. 410-414.
60. Billuart, *De Eucharistiae Sacramento*, diss. viii, a. 1. Cf. M. Lepin, o.c. p. 533-535.
61. Juan de Lugo, *De venerab. euchar. sacramento*, disp. 19. Cf. M. Lepin, o.c., p. 428-429.
62. Franzelin, *Tractatus de SS. Eucharistiae sacramento*, Roma ³1879, cap. 14-16. Cf. M. Lepin, o.c., p. 587-591.

propiamente sacrificial tributado a Dios. Con todo no pueden satisfacer, por dos motivos:

Implican un contrasentido en la noción misma de sacramento, del cual hacen una acción del sacerdote ejercida sobre Cristo, siendo así que el sacramento es una acción de Cristo sobre los fieles. Si reducen al pan y al vino el sujeto pasivo de la acción sacrificial del sacerdote, entonces la afirmación de un sacrificio de Cristo no pasa de ser meramente verbal.

La pretendida inmutación de Cristo no puede ser real sin negación de dos dogmas: la impasibilidad del Resucitado y la unicidad de su inmolación en el Calvario; y si este cambio no pasa de ser virtual o ficticio, el sacrificio que funda no puede ser actual y real. Dichas teorías tienen ya pocos adeptos.

III. TEORÍAS DE LA OBLACIÓN.

Lo esencial es la oblación de la víctima; el elemento de destrucción se conserva sólo con carácter accesorio. Más o menos apuntadas por Maldonado († 1583) [63], Estius († 1613) [64], y la escuela francesa del siglo XVII [65], estas teorías han tenido en el siglo XX dos brillantes defensores, notoriamente divergentes.

1. *Teoría de M. Lepin.*

M. Lepin [66] parte de la noción agustiniana del sacrificio, y en el rito pone de relieve su significado: el movimiento espiritual

---

63. MALDONADO, *De Sacramentis disputationes, Opera theologica*, 1677, *De Eucharistiae Sacramento*, pars III. Cf. M. LEPIN, o.c., p. 355-357.

64. ESTIUS, *Comment. in Epist. Apostolicas*, t. II, París 1679. *In Epist. ad Hebraeos* VII, 17. Cf. M. LEPIN, o.c., p. 399-401.

65. Bérulle, Condren y Olier combinan la idea de oblación con la inmolación mística (véase, por ejemplo, CH. DE CONDREN, *L'idée du sacerdoce et du sacrifice de Jésus-Christ*, Éd. Pin, París 1858). La oblación en estado puro se halla en L. HABERT, *De Euchcristia ut Sacrificio*, París 1704. Acerca de la doctrina general de dicha escuela, véase M. LEPIN, *L'Idée du sacrifice dans la religion chrétienne principalement d'après le P. de Condren et M. Olier*, París-Lyón 1897; id. *L'Idée du Sacrifice de la Messe...*, p. 462-516, y la tesis de J. GALY, *Le Sacrifice dans l'École françaice de spiritualité*, Nouv. Édit. latines, 1951.

66. M. LEPIN, *L'idée du sacrifice de la Messe d'après les théologiens...*, 1926, p. 737-758.

hacia Dios que debe expresarse en actos. Lo que da su valor religioso a la muerte de Cristo es la oblación interior infinitamente perfecta de la víctima que no es otra que el Hijo de Dios en su obediencia inaudita. Y mientras la inmolación en la cruz sólo dura desde la cena al *consummatum est,* la oblación interior, que le da todo su valor, anima la existencia entera de Jesús desde la encarnación (cf. Heb 10,5-10) hasta su gloria eterna de Resucitado. Cristo glorioso no puede ya sufrir, pero ofrece sin cesar sus sufrimientos pasados, en acto sacerdotal sin fin (sacrificio en el cielo). La misa es, por consiguiente, «el sacrificio en el cielo que se hace presente sobre nuestro altar», y, con más precisión, «es la oblación que Cristo hace de sí mismo y que la Iglesia hace de Cristo, bajo los signos representativos de su inmolación pasada». La *inmolación* pasó ya, pero la *oblación* es actual, y eso basta para que haya *sacrificio actual,* que es el sacrificio del Cristo total, el cual, lejos de cesar en el cielo, alcanza allí su plenitud eterna.

2. *Teoría del padre De la Taille.*

El padre De la Taille [67] pretende que el sacrificio consiste en la oblación interior en cuanto *se expresa ritualmente,* pues el rito no es otra cosa que la transferencia de propiedad a Dios. La inmolación, la destrucción no es esencial al sacrificio propiamente dicho, pero el pecado la ha hecho necesaria, a título de reparación, como ejecución simbólica de la pena de muerte que el pecador mereció. Por consiguiente, en la humanidad caída, el sacrificio consiste siempre en una oblación *y una inmolación,* a las que no puede faltar un carácter litúrgico. La inmolación de Cristo en el Calvario adquiere su carácter de oblación litúrgica mediante la oblación que se hizo en la cena. Jesús se ofreció en aquella ocasión como *víctima que iba a ser inmolada;* en la misa se ofrece siempre él mismo, pero

---

67. De la Taille, *Mysterium Fidei,* 1921; *Esquisse du Mystère de la Foi,* 1924, p. 1-50.

como víctima *ya inmolada* y que permanece en el cielo en estado de «sacrificio pasivo». La inmolación actual de la misa sólo puede consistir en una inmolación «mística», simbólica: la inmolación real de Cristo tuvo lugar en la cruz una vez para siempre. Lo que hay de nuevo en la actualidad es la *oblación* presente de Cristo en su inmolación pasada, oblación hecha por la *Iglesia*. El Señor «es hostia sin nosotros: de nosotros depende que sea también *nuestra* hostia» mediante la celebración eucarística. «Todo lo que hay de novedad en el sacrificio de la misa viene de la Iglesia, aunque toda la virtud de la ofrenda viene de Cristo, eternizado en estado de oblación enteramente voluntaria.» Por eso, las misas se suceden unas a otras sin añadir nada al valor y a la eficacia de la cruz.

3. *Crítica de estas teorías.*

En contraposición a las teorías precedentes, éstas evitan los defectos esenciales de aquéllas y señalan un progreso manifiesto hacia la interioridad religiosa; además, la glorificación de Cristo es puesta de relieve. Sin embargo, dichas teorías obedecen demasiado a una noción del sacrificio en general, como si el sacrificio de Cristo tuviera que entrar necesariamente en una categoría preexistente. Más aún, ¿no es forzar el significado de las palabras hablar de un *sacrificio en el cielo* a propósito del homenaje que Cristo glorioso tributa eternamente a su Padre? Finalmente, la noción bíblica de memorial no parece justamente comprendida y utilizada. A esas deficiencias comunes se añade en M. Lepin la debilitación de los vínculos entre la misa y la cruz puesto que, según él, el sacrificio eucarístico sólo significa directamente el sacrificio del cielo, del cual el acto del Calvario parece no fue más que una mera condición previa; además parece no se estima lo bastante el alcance de la inmolación en el sacrificio en general. En De la Taille hay que lamentar un concepto insuficiente del sacramento: el signo (rito eucarístico) y la realidad significada (la inmolación en el

Calvario) se asocian en un mismo plano, como dos elementos complementarios de un mismo orden. Se le puede reprochar, además, una visión excesivamente estrecha de la actividad sacrificial de la Iglesia, limitada a lo que se verifica en el altar sin la debida referencia a la totalidad de la existencia cristiana.

IV. TEORÍAS DE LA REPRESENTACIÓN.

1. *Teoría del sacrificio relativo.*

Según Vázquez [68], la cruz es sacrificio por sí misma, la misa lo es por referencia a la cruz, pues en ella manifestamos a Dios nuestro homenaje ofreciendo a Cristo realmente presente bajo una forma representativa de su muerte (dualidad de las especies sacramentales).

2. *Teoría de la inmolación mística.*

La inmolación mística (Bossuet [69], Billot [70]) pretende ser una solución intermedia entre la mera figura de la inmolación pretérita (insuficiente) y las teorías de la inmutación. Como las teorías oblacionistas, pone vigorosamente de relieve que el valor del rito proviene del hecho de significar la oblación interior. Lo que la Iglesia ofrece a Dios es el mismo Cristo sacramentalmente reducido a un estado de muerte figurativa («inmolación mística»), el cual no deja de ofrecerse incesantemente en el cielo.

Al presente, por ministerio del sacerdote, Cristo se ofrece a su Padre bajo el símbolo de su pasada inmolación real, asociando a su acción todo su cuerpo místico. Billot precisa:

---

68. VÁZQUEZ, *In III part. Sum. S. Thomae* (Lyón 1631), disp. 220-223. Cf. M. LEPIN, o.c., p. 403-409.

69. BOSSUET, *Explication de la doctrine catholique; Explication de quelques difficultés sur les prières de la messe; Méditations sur l'Évangile; Élévations sur les Mystères,* etc... Cf. M. LEPIN, o.c., p. 505-513.

70. BILLOT, *De Ecclesiae Sacramentis,* t. I, Roma 1896, ⁶1924. Cf. M. LEPIN, o.c., p. 606-610.

la misa es «representación y memorial perpetuo» de la cruz; por consiguiente, en perpetua relación y-subordinación a ella.

3. La teología de los misterios.

La teología de los misterios (Casel [71], Söhngen [72]) se funda en la concepción antigua de los *misterios* (categoría religiosa pagana, que pasó al cristianismo primitivo notablemente modificada y ennoblecida): unos ritos mediante los cuales los fieles participan en los acontecimientos redentores y, por ellos, participan también de la existencia humana y divina de Cristo. No se trata de actos humanos que imiten o simbolicen la muerte y la resurrección de Jesús, se trata de los actos del Cristo total que, por la fuerza misma del Espíritu Santo, arrastran a los miembros juntamente con su Cabeza en un mismo momento existencial hasta su punto culminante (comp. los famosos verbos en συν de san Pablo). La distancia en el espacio y en el tiempo es prácticamente suprimida en la celebración por la «presencia mistérica» *(Mysteriengegenwart):* en sus modalidades superficiales, la muerte y la resurrección de Cristo pasaron para siempre, pero su realidad esencial está realmente presente en la celebración («presencia substancial» del acontecimiento como del cuerpo y sangre de Cristo). Esa presencia actual y sacramental de Cristo en acto de morir no es solamente intencional, subjetiva: se verifica objetivamente en el rito, bajo una modalidad especial. La cruz no se repite, pero adquiere una nueva actualidad en el día de hoy: multipresencia de la única inmolación. Empíricamente dicha inmolación pertenece al pasado, por consiguiente el rito es un *memo-*

---

71. Véase en particular O. Casel, *Le Mystère du Culte dans le Christianisme*, 1932, tr. francesa 1946, y *Le Mémorial du Seigneur*, 1918, tr. fr. 1945, Éd. du Cerf, col. «Lex orandi».

72. G. Söhngen, *Le rôle agissant des mystères du Christ dans la Liturgie d'après les théologiens contemporains*, «Questions liturgiques et paroissiales», Lovaina 1939, 79-107. Pocos textos de dicho autor se han traducido al francés. Puede verse el elenco de sus obras en Th. Filthaut, *La théologie des mystères* (traducción del alemán), Desclée et Cie., 1954.

rial, cuyo alcance real es garantizado por la orden de reiteración dada por Jesús en la cena.

4. Crítica de las teorías «mistéricas».

Dichas teorías tienen, sobre las precedentes, la incontestable ventaja de apoyarse ampliamente en la tradición, particularmente en los padres griegos. Se evitan la mayor parte de los inconvenientes en que incurren las otras explicaciones y la unión de la Iglesia con Cristo en la «celebración» aparece con claridad meridiana. Sin embargo, no deja de tener algunos puntos reprensibles: en primer lugar, la asimilación exagerada entre los misterios cristianos, la misa en particular, y los *misterios* paganos [73]. Además, la inteligibilidad de la «presencia mistérica» es muy discutible, con la noción de tiempo que presupone, y el modo de usar el concepto platónico y patrístico de imagen, en O Casel, por lo menos. Que los padres griegos concibieran la unión sacramental con Cristo a modo de participación en una esencia, es cosa completamente normal, teniendo en cuenta su filosofía platonizante; hoy en día es mucho más arriesgado dentro de un contexto cultural completamente diverso. El ideal sería conservar la idea teológica modificando el armazón filosófico [74].

V. CONCLUSIÓN.

La acción eucarística es primariamente un *sacrificio espiritual* del Cristo total: un homenaje a Dios manifestado exteriormente, una acción de gracias por la creación y más aún por la redención, expresión privilegiada del amor mutuo entre Cristo y la Iglesia (la caridad total, que glorifica a Dios).

---

73. Cf. la tesis anticaseliana de K. Prümm en Filthaut, p. 96-100. Dicho libro contiene un estadio comparativo muy conciso de las diversas formas de la teología de los misterios con las controversias subsiguientes. Cf. el apéndice de las p. 46-48.

74. Cf. Y. Congar, *La Foi et la Théologie,* col. «Le Mystère chrétien», Desclée et Cie, 1962, p. 177-179. Traducción castellana en preparación.

Ese acto espiritual adquiere la forma de una *ofrenda ritual,* de un «sacrificio de primicias» (san Ireneo) que ofrece el Cristo total y que termina, por modo eminente, en *memorial sacramental* del sacrificio de la cruz. Cada misa es un *nuevo* acto de la *Iglesia,* y dicho acto es sacrificio de Cristo porque *Cristo* expresa en él el acto religioso único de la redención y en la duración del mismo está inscrita toda la vida de la Iglesia (desde pascua a la parusía). Ese acto de Cristo se insertó, una vez para siempre, en la historia humana como sacrificio perfecto en la cena y en el Calvario; la resurrección, lejos de anularlo, lo eternizó, pues Cristo tomó entonces posesión definitiva de su sacerdocio para ejercerlo incesantemente hasta la parusía (idea del «sacrificio en el cielo»).

El sacrificio eucarístico se añade a la cena y a la cruz como acto de la Iglesia, que se adhiere al sacrificio de su cabeza y percibe sus frutos; no es, por lo mismo, nueva inmolación de Cristo. Siendo memorial de lo que se «cumplió» en el Calvario, es nueva presencia del sacrificio, que persiste. No escamotea el intervalo del tiempo, pero mediante los signos que Cristo instituyó y cuya renovación provoca él mismo, opera hoy la unión de la Iglesia con el Redentor en acto de ofrecerse a Dios a través de la muerte y de su aceptación por Dios en la gloria. La misa, en cuanto es sacramento de la cruz es también sacrificio propiciatorio en el que participa actualmente la Iglesia juntamente con su Cabeza.

§ IV. Fines, efectos, aplicaciones del sacrificio de la misa.

I. LOS CUATRO FINES DEL SACRIFICIO Y SU VALOR.

1. *Significación en función del tiempo.*

La significación de un acto cualquiera se define en función del presente, del pasado y del futuro. El presente del culto cristiano es la presencia del Cristo total ante el Padre en acto de homenaje, de *adoración*, de alabanza (fin latréutico). En el diálogo con Dios, nosotros aportamos lo que somos, en particular nuestro pasado, con todo lo que tiene de bueno y de malo: por todos los bienes recibidos y por cuanto hemos hecho de bueno (que es gracia divina más que obra nuestra) debemos manifestarle nuestro agradecimiento, darle gracias (fin eucarístico); por el mal que hemos cometido o del cual somos solidarios, y que tiene carácter moral, debemos pedirle perdón presentándole la satisfacción de Cristo (fin propiciatorio, definido en particular en el Tridentino contra los protestantes) [75]. Gracias a la solidaridad de la Iglesia militante con la Iglesia purgante, el valor satisfactorio de la misa se aplica en particular a los fieles difuntos. En lo que se refiere al fruto, la actitud primaria de la Iglesia es la esperanza que se expresa ante Dios mediante la *plegaria de petición* para obtener, para todos, los bienes que les sean útiles, pero muy particularmente el perdón, la gracia y la gloria, y para que nos preserve del pecado y de todo mal (fin impetratorio).

De ahí la siguiente tesis:

Tesis X. *Missa est sacrificium latreuticum quidem et eucharisticum, sed etiam impetratorium ac pro vivis defunctisque propitiatorium* (de fide catholica).	La misa es un sacrificio de adoración y de acción de gracias, mas también de impetración y de propiciación por los vivos y difuntos *(de fe católica).*

2. La propiciación en la misa y en la penitencia.

En el memorial de la cruz es, ante todo, la Iglesia corporativamente la que es santificada mediante la renovación de la alianza, purificada con la sangre de la expiación (cf. Ef 5,25-27; Hebr 9,1-10,17...), regenerada como esposa y cuerpo de Cristo.

---

75. Dz 1743 y 1753; † 940 y 950.

Cada uno de los fieles se beneficia de esa purificación en la medida en que es realmente de la Iglesia; la eucaristía, en particular, es la medicina normal de las faltas veniales para los que permanecen en estado de gracia. El que peca mortalmente es reintegrado a la comunión de la Iglesia mediante la absolución sacramental y simultáneamente recibe dentro de la misma Iglesia la influencia reconciliadora, purificante y satisfactoria de la cruz y de la misa. En cuanto a los pecadores impenitentes, la misa solicita para ellos las gracias necesarias de conversión, libra a la Iglesia de todo compromiso con sus pecados y repara el honor de Dios a quien ellos se obstinan en ofender. La satisfacción sobreabundante de la cruz se aplica, en la misa, a los pecados de los cristianos a medida que los cometen; el pecador se beneficia de dicha satisfacción en proporción de su arrepentimiento y de su adhesión a las intenciones del Redentor.

3. *Valor intrínseco y valor extrínseco de la misa.*

El valor de la misa, a saber, su grado de significación y de eficiencia en orden a sus cuatro fines, puede subdividirse en dos especies:

1) *Valor intrínseco:* en cuanto es acto de Cristo, la misa tiene un valor infinito. El homenaje que en ella se tributa al Padre posee la santidad divina del Hijo encarnado.

2) *Valor extrínseco* (resultado efectivo del precedente): el homenaje del Hijo es recibido enteramente por el Padre; los fines latréutico y eucarístico se logran, pues, con infinita perfección. Los fines propiciatorio e impetratorio, por lo mismo que se refieren a las criaturas, sólo se logran de manera más o menos limitada según la receptividad de las mismas. De ahí la costumbre de celebrar varias misas a una misma intención.

II. LOS FRUTOS DE LA MISA Y SU APLICACIÓN. SENTIDO DEL ESTIPENDIO DE LA MISA.

En cuanto es acto de Cristo, la misa honra a Dios y santi-fica a la Iglesia *ex opere operato* [75a]; en cuanto es acto de la Iglesia *santa*, produce sus efectos *quasi ex opere operato* [76]; en cuanto es oblación y plegaria de tal sacerdote y de determinados fieles, obra *ex opere operantis* [77]. Vamos a ver ahora quiénes perciben sus frutos y cómo los perciben.

1. Frutos de la misa y sujeto de los mismos.

Siendo un acto espiritual, la misa aprovecha a los fieles diversamente según el grado de su participación y compromiso en la misma. Ahora bien, ese grado de participación y compromiso en el sacrificio es triple, de donde se sigue un triple fruto:

1) Por el mero hecho de ser *miembro de la Iglesia*, todo fiel participa por solidaridad en la celebración de cada una de las misas, y por consiguiente, percibe el *fruto general* del sacrificio, pues cada misa es un acto del Cristo total, cabeza y miembros [78]. Y eso se refiere por igual a los difuntos que a los vivos: sufragio de las almas del purgatorio, gloria accidental para los elegidos [79], gracia para los que viven.

2) Además, las personas, vivos o difuntos, por quienes se aplica el sacrificio de la misa dicen relación más explícita con *tal* misa que les es aplicada y perciben, por lo mismo, un *fruto particular o ministerial* a ellas reservado. La existencia de ese fruto y la legitimidad de la aplicación de la misa fue declarada por Pío VI contra el sínodo jansenizante de Pistoya [80].

3) Por último, el *fruto personal* es el que obtienen las personas que intervienen directamente en la celebración de la misa: ministros y asistentes.

75a. Cf. encíclica *Mediator Dei*, AAS, 1947, p. 532; Dz 2844.
76. Se dice también: *ex opere operantis Ecclesiae* (cf. la misma encíclica, ibid).
77. Cf. III, q. 82, a. 6.   78. Dz 1741; † 944.
79. Cf. tratado de los novísimos.   80. Dz 2630; † 1530.

2. Condiciones para una aplicación válida del fruto ministerial.

1) La intención de la misa debe determinarla el celebrante antes que la consagración (rito constitutivo del sacrificio) esté concluida, por consiguiente, antes de pronunciar las palabras sacramentales sobre el vino a más tardar.

2) La intención del celebrante debe ser por lo menos implícita y habitual (cf. tratado de los sacramentos en general).

3) La misa debe aplicarse a uno o varios destinatarios determinados *hic et nunc*.

3. Sentido del estipendio de la misa.

El estipendio de la misa, cuyo uso reconoce el Derecho canónico (can. 824, § 1), y cuya legitimidad declaró con firmeza Pío VI contra el sínodo de Pistoya [81], no es el salario del celebrante y menos aún el precio de la misa. Probablemente [82] esa costumbre deriva de las ofrendas en especie que los fieles de los primeros siglos solían aportar al sacrificio para subvenir a las necesidades del culto y para sustento del clero y de los pobres que la Iglesia tenía a su cargo. Esos dones eran ofrendados a Dios por medio del sacerdote, y en la persona de sus más íntimos Dios mismo se beneficiaba de ellos; el sacerdote vivía del altar (cf. 1Cor 9,13; Dt 18,1-5).

Poco a poco el dinero comenzó a sustituir los antiguos donativos en especie por motivos palmarios de comodidad; colectas y estipendios, sólo en parte contribuyen a sufragar las necesidades económicas de la Iglesia. La determinación de una

---

81. Dz 2654; † 1554.
82. Cf. S. MANY, *Praelectiones (iuris canonici) de Missa*, Letouzey, 1903, cap. IV-VII, y en particular p. 76-93 (historia y legitimidad). M. DE LA TAILLE, *Esquisse du mystère de la Foi*, p. 111-251, y *Examen d'un article sur les offrandes des messes et observations sur un opuscule récent*, NRT, 1927, 241-272. E. HOCEDEZ, *Les fruits du sacrifice et le stipendium d'après un livre récent*, NRT, 1922, 522-533, y *Les honoraires de messe*, NRT, 1923, 65-73. R.G. RENARD, *Les honoraires de messe. Le point de vue institutionnel*, RSPT, 1939, 222-228. B. CAPELLE, *Quête et Offertoire*, LMD, 24 (1950), reeditado en «Travaux liturgiques de doctrine et d'histoire», t. II, Lovaina 1962, p. 222-235 con el título: *Charité et offertoire*.

tasa oficial para los estipendios de misas sale al encuentro de diversos abusos y desórdenes, pero puede inducir a error sugiriendo falsamente que se trata de un precio justo o de un justo salario. En realidad, en distintas formas, persiste la significación de los antiguos donativos en especie.

El que pide que se celebre una misa a su intención, entregando un donativo para subvenir a las necesidades de la Iglesia y del culto, toma sobre sí una responsabilidad muy concreta acerca de la misa en cuestión y de su valor de homenaje supremo tributado a Dios. Si el celebrante es el ministro, él por su parte es el oferente [83].

Es éste un punto muy difícil, pero muy importante, que hay que inculcar a los fieles.

---

83. Comp. 2Cor 9,12; Rom 15, 25-28; Flp 4,18-19, en que las limosnas en dinero, destinadas a la Iglesia madre o al Apóstol, se designan en términos de ofrenda cultual.

CAPÍTULO SEGUNDO

LA PRESENCIA SACRAMENTAL DE CRISTO

BIBLIOGRAFÍA

PASCASIO RADBERTO, *De Corpore et Sanguine Domini*, PL 120.
RATRAMNO, *De Corpore et Sanguine Domini*, PL 121. (Fue publicada una traducción francesa en 1686 por JACQUES BOILEAU. Acerca de la interpretación que dicho autor añade a su traducción, véase H. PELTIER, *Ratramne*, DTC, 1784).
BERENGARIO DE TOURS, *De Sacra Coena*, ed. BEEKENKAMP, Nijhoff, La Haya 1941.
INOCENCIO III, *De sacro Altaris Mysterio*, PL 217.
J. CALVINO, *Traité de la Sainte Cène* (1541, presentado por A.M. SCHMIDT: *Oeuvres choisies*, ed. «Je sers», t. 2, 1934, p. 99 a 141) y la *Institution chrétienne*, lib. IV.
J.M. SCHEEBEN, *Los misterios del cristianismo*, Herder, Barcelona [3]1960, § 71-73.
H. GRASS, *Die Abendmahlslehre bei Luther und Calvin*, Bertelmann, Gütersloh 1954.

§ I. El hecho de la presencia real.

El sacrificio de Cristo no puede tener lugar en la misa sin la presencia del mismo cuyo sacerdote y víctima es. Y sin embargo esta afirmación suscita algunas dificultades.

116

I. LAS CONTROVERSIAS DEL SIGLO IX.

1. *Acerca del simbolismo eucarístico.*

En su tratado *De ecclesiasticis officiis,* Amalario de Metz interpreta simbólicamente los diversos ritos de la misa. Así, por ejemplo, en las tres partículas de la hostia, después de la fracción, ve el *corpus triforme* de Cristo [1]; el cuerpo individual de Jesús, los miembros vivos de la Iglesia y los fieles difuntos. Floro de Lyón, su adversario, no le reprocha el reducir a un mero simbolismo la presencia de Cristo, sino el extender a la realidad significada la división ritual de la hostia dividiendo al Cristo total [2].

En otro lugar, Amalario se plantea la cuestión de lo que ocurre con el cuerpo de Cristo recibido por el comulgante al verificarse la digestión, después de la comunión; pero renuncia a responder a ella [3]. Eso es ya demasiado para Floro, pues, mediante la consagración, el pan se convierte en cuerpo de Cristo no en un plano «material» o sensible, sino «espiritualmente» [4]. ¿Pero, según él, la presencia espiritual no se reducirá a la *virtus spiritualis* que recibe el que comulga?

Por ambas partes se cree en la presencia sacramental de Cristo, pero el simbolista Amalario propende a «materializar» demasiado dicha presencia, mientras que el antisimbolista Floro se expone a convertirla en algo meramente virtual.

---

1. Amalario de Metz, *De ecclesiasticis officiis;* PL. 105, 1154D-1155A; ed. J.M. Hanssens, «Studi e Testi» 139, Ciudad del Vaticano 1948, t. ii, p. 367-368. Cf. H. de Lubac, *Corpus Mysticum,* Aubier, ²1949, p. 295-339.
2. Floro de Lyón, *Adv. Amalarium;* PL 119, 85-87.
3. *Epist. ad Guntardum;* PL 105,1336-1339; Hanssens, t. ii, p. 393-399.
4. *Adv. Amalarium;* PL 119,77-78.

2. Acerca de la identidad entre el cuerpo eucarístico y el cuerpo que nació de María [5].

Admitido el hecho de una presencia, a la par real y simbólica, del cuerpo de Cristo, dicho cuerpo ¿es en realidad el mismo que vivió en Palestina y murió en la cruz?

1) *Pascasio Radberto* [6], al que siguen Hincmaro de Reims, Haymón de Alberstadt, etc... afirma con firmeza la *identidad;* desgraciadamente su manera de defenderla no es lo bastante clara y coherente; Dios, dice, nos entrega en la eucaristía el único cuerpo capaz de vivificarnos eternamente, porque es la carne humana del Verbo. Es necesaria la presencia real y verdadera del Cristo cabeza para alimentar en nosotros, sus miembros, la vida de Cristo: Dios nos lo da en verdad, aunque a través de una figura, de una manera mística y no sensible. Los signos sacramentales contienen misteriosa y realmente lo que significan visiblemente: a diferencia de los ritos del Antiguo Testamento, meras figuras, la eucaristía es además *veritas*. Por último, la antítesis *figura-veritas*, no revela una diferencia de modos de percepción, sino una gran superioridad de la *veritas* en consistencia ontológica y en eficacia soteriológica (comparar la relación entre el Antiguo Testamento y el Nuevo).

Cosa curiosa: al identificar el cuerpo sacramental y el cuerpo histórico de Jesús, Pascasio se reconoce original y sorprendente *(ut mirabilius loquar:* col. 1269B). Sin embargo, añade, ¿cabe imaginar otro cuerpo (individual) de Jesús fuera del que nació de la Virgen, que nos rescata y nos vivifica? (col. 1351 B-C). Sólo resta excluir el error cafarnaíta [7], precisando que el cuerpo histórico de Jesús está presente bajo una forma no

---

5. Véase la clara exposición de A.-M. JACQUIN, O.P., acerca de esa controversia en su *Histoire de l'Église*, t. III, Desclée De Brouwer 1948, p. 331-344.

6. PASCASIO RADBERTO, *De Corpore et Sanguine Domini; Epist. ad Frudegardum* (PL 120, 1267-1350; 1351-1366).

7. Inteligencia carnal de la presencia eucarística, así denominada en razón de los habitantes de Cafarnaúm quienes fueron los primeros en adoptarla (cf. Jn 6,52. 59-60).

carnal, sino «espiritual» o *in mysterio* (col. 1280-1281), para alimentar espiritualmente su cuerpo eclesial.

Pascasio hace suyo el pensamiento agustiniano, pero no enteramente, pues atribuye al cuerpo de Cristo la *cantidad* del pan eucarístico y ve en la multiplicación de presencias sacramentales una milagrosa multiplicación de la carne de Cristo, análoga a la multiplicación de los panes del relato evangélico. De hecho, parece que imagina una presencia material del cuerpo que substituye la del pan, del cual sólo quedan las *apariencias* en el sentido estricto. El pan y el vino pasan por una verdadera transmutación: la *veritas* es ahora el cuerpo de Cristo, gracias a una intervención milagrosa del Espíritu Santo que prolonga el milagro de la encarnación, y que, al santificarnos, prepara el milagro de nuestra glorificación total. Con todo, el cuerpo de Cristo, en el sacramento, puede actuar pero no sufrir, escapa a las vicisitudes de la manducación y de la digestión, gracias a sus propiedades celestiales. Y Pascasio evita de ese modo el escollo del cafarnaísmo que le amenazaba.

2) La *reacción* contra la novedad que identifica pura y simplemente el cuerpo sacramental y el cuerpo histórico de Cristo, aparece en las impugnaciones de *Rabano Mauro*[8] y los *Dicta cuiusdam sapientis*[9], cuyo realismo eucarístico, inspirado en Jn 6, no cede en nada al anterior. Una identidad pura y simple sería cafarnaíta e implicaría la reiteración de la muerte de Cristo *(absit!)*; una dualidad pura y simple es igualmente inaceptable: la eucaristía es el cuerpo de Cristo, como lo es la Iglesia que de ella se nutre. Cuerpo eucarístico, cuerpo histórico, cuerpo eclesial son *specialiter* distintos, pero idénticos *naturaliter*. No se había llegado aún a distinguir entre el cuerpo presente (idéntico) y el modo de presencia (diferente).

---

8. Rabano Mauro, *Carta* (perdida) a *Egilio de Prüm*, citada en su *Penitencial a Heribaldo* 33 (PL 110,492-4-3) y en *De institutione clericorum* I, 31; PL 107, 316-321.

9. *Dicta cuisdam sapientis de corpore et sanguine Domini adversus Radpertum*, editado en PL 112,1510-1518, como carta de Rabano Mauro a Egilio de Prüm y actualmente atribuida a Godescalco (cf. R.Bén., 1931, 303-312).

3) *Ratramno* [10] se mantiene, a su vez dentro de la perspectiva agustiniana, pero atribuye a *figura* y *veritas* un significado enteramente diverso que Pascasio. La diferencia no radica ya en el plano de consistencia ontológica o de valor soteriológico, sino en el modo de inteligencia. *Figura* es la significación velada de una realidad: metáfora, parábola, sacramento... *Veritas* es la realidad directamente manifestada mediante la experiencia sensible o el lenguaje.

Por consiguiente, la *veritas* de la eucaristía no puede ser otra que el pan; el cuerpo de Cristo sólo está en él en *figura*, mediante la consagración. Esa presencia es real, aunque espiritual y no sensible *(corporalis)*. El error de Pascasio, al no admitir la *figura*, está en negar necesariamente la presencia del cuerpo de Cristo, que no puede estar en la eucaristía como *veritas* (en el sentido que le da Ratramno). En el sacramento «están verdaderamente presentes el cuerpo y la sangre de Cristo en cuanto a la substancia invisible, a saber, la potestad del Verbo divino» (§ 84). Están presentes *vere*, pero no como *veritas*, pues su presencia es sacramental *(figura)*.

Sentado esto, ¿el cuerpo eucarístico hay que identificarlo o no con el cuerpo que nació de María y que fue crucificado?

En la Cruz estuvo presente la *veritas* del cuerpo de Cristo; en el altar sólo está en *figura* (pan). El cuerpo histórico de Jesús poseía una vida física, el cuerpo sacramental es espiritualmente vivificante, no biológicamente vivo; el cuerpo histórico está ya glorificado, incorruptible, invisible, mientras que el cuerpo sacramental es visible y corruptible: no es más que la prenda y la imagen del cuerpo histórico, cuya presencia indica. Por otra parte, el cuerpo sacramental significa igualmente a la Iglesia: ¿por qué, pues, identificarlo «corporalmente» con el cuerpo histórico, siendo así que con el cuerpo eclesial sólo es

---

10. RATRAMNO, *De Corpore et Sanguine Domini;* PL 121,125-170. Tendencias análogas encontramos en Drutmaro y Walafrido Estrabón. Puede verse en «Bull. du Comité des Études de Saint-Sulpice», n.° 5 (abril de 1954) p. 83-88, el esquema de la tesis inédita que R. BÉRAUDY consagra a *L'enseignement eucharistique de Ratramne,* Lyón 1953.

idéntico «espiritualmente», por simple figuración? No se da, pues, pura y simple identidad («material»).

Lo cual no impide que los fieles que comulgan como es debido, reciban verdaderamente, *vere*, de un modo espiritual el cuerpo humano de Cristo, como soporte de la fuerza divina del Verbo.

4) *Conclusión:* Careciendo de medios filosóficos suficientemente elaborados, dichos autores expresan la fe tradicional, cada uno por su parte, de modo poco coherente, contradiciéndose más o menos entre sí. Se percatan con fuerza del vínculo que une el cuerpo histórico y el cuerpo eclesial de Cristo mediante su cuerpo sacramental, pero no llegan a concebir la presencia real del cuerpo histórico en el pan sino como una cierta presencia local, material. Entre la cima del puro simbolismo y la del cafarnaísmo, buscaban sin dar con él, a causa de su mentalidad empirista, el camino puente de una presencia del *mismo* cuerpo, de un *modo* original, la presencia real y sacramental.

II. BERENGARIO DE TOURS Y SU CONDENACIÓN (siglo XI) [11].

1. *Doctrina de Berengario de Tours.*

En su tratado *De sacra coena* y en su correspondencia, Berengario, para defender, según creía, la doctrina de los padres, cuyo eco fiel reconoce en los escritos de Ratramno (que él creía de Escoto Eriúgena), impugna el realismo eucarístico de Lanfranco y otros contemporáneos, ampliamente tributarios de Pascasio Radberto. Buen dialéctico, choca con las incoherencias de Pascasio y de sus admiradores; en particular rechaza

---

11. BERENGARIO DE TOURS, *De sacra coena*, ed. W.H. BEEKENKAMP, Nijhoff, La Haya 1941. Véase *Bérenguer de Tours*, Por CAPPUYNS, en A. BAUDRILLART, *Dictionnaire d'histoire et de géographie ecclésiastique* VIII, París 1912ss, y en un aspecto más favorable, H. DE LUBAC, *Corpus Mysticum*, Aubier, ²1949, p. 163-165. Véase la exposición del debate por A.M. JACQUIN, *Histoire de l'Église*, t. III, p. 919-940. Publicado en 1948 pero terminado desde 1943, la obra no utiliza la edición de BEEKENKAMP.

el aniquilamiento de la substancia del pan y del vino, y la presencia material *(sensualis)* del cuerpo y sangre de Cristo.

Sin embargo, Berengario afirma que el pan, después de la consagración, *es* cuerpo de Cristo, pero lo es *espiritualmente*, por la fe, no materialmente. Lo que está presente en la eucaristía no es la materia del cuerpo de Cristo (meramente figurada en el pan), sino su divina potencia de salvación. Materialmente hablando, el cuerpo de Cristo permanece en el cielo: si viniera, le veríamos, como le vieron los apóstoles después de su resurrección; por el contrario, no vemos sino pan porque es pan lo que hay. La presencia de Cristo es ciertamente la *res* del sacramento, la realidad por él significada, realidad que no destruye el signo, sino que exige su existencia (como en el bautismo). Mediante la consagración, el pan «no deja de ser lo que era, al asumir lo que antes no era», a saber, su significación religiosa, la presencia espiritual del cuerpo de Cristo.

2. Oposición a esa doctrina.

Contra Berengario, varios destacados autores de su tiempo propugnaron una presencia real, y no meramente simbólica, de Cristo: Durando de Troarn, Lanfranco, Guitmundo de Aversa. Manteniéndose fieles a la mentalidad de Pascasio Radberto, se esfuerzan en dilucidar su pensamiento y esbozan ya la doctrina de la transubstanciación.

También el Magisterio eclesiástico se pronunció varias veces contra Berengario, exigiéndole retractaciones que él firmó sin atenerse siempre realmente a ellas. Hay que reconocer, sin embargo, que la profesión de fe compuesta por el cardenal Humberto, que Berengario se vio obligado a suscribir en el sínodo romano de Letrán del 1059, afirma un realismo algo cafarnaíta [12]. La fórmula del sínodo de Letrán del 1079 está mejor

---

12. Se halla citada en el *Liber de Corpore et Sanguine Domini*, de Lanfranco, cap. 2 (PL 150, 410-411); Dz 690, y traducida al francés por A.-M. Jacquin, o.c., p. 923-924. Obsérvese la variante: «nec posse sensualiter *nisi* in solo sacramento...»

elaborada, sin ser menos realista. Se afirma en ella que en la misa «el pan y el vino... se convierten substancialmente *(substantialiter converti)* en la verdadera, propia y vivificante carne y sangre» de Cristo, y que, después de la consagración, son «el verdadero cuerpo de Cristo que nació de la Virgen, etc...» y «la verdadera sangre de Cristo, que manó de su costado», y eso «no sólo como signo y virtud del sacramento, sino en la propiedad de su naturaleza y en la verdad de su substancia» [13].

Tal era, entonces como ahora, la fe de la Iglesia. En el fondo, es la misma fe de los santos padres. Pero a partir del siglo V cambian la perspectiva y la mentalidad y surge la posibilidad y la necesidad de una nueva formulación explicitando más el realismo. Berengario, por su parte, sólo conservó las fórmulas patrísticas minimizando su contenido.

III. CONCLUSIÓN DOCTRINAL.

Después del siglo XI, como veremos, la doctrina del magisterio contiene las definiciones dogmáticas de la presencia real: IV concilio de Letrán [14], Trento, sesión XIII [15].

Hecha esta declaración de la fe de la Iglesia, vamos a ver ahora qué es lo que en ella se afirma exactamente y cómo ello se infiere de su fe en el sacrificio.

1. *Contenido exacto de la afirmación.*

Fue el concilio de Trento el que la formuló definitivamente [16]. Hay que considerar dos puntos: qué está presente y en qué sentido lo está.

1) *Lo que está presente* en la eucaristía es Jesucristo en la integridad de su ser: cuerpo, alma y divinidad.

---

13. Dz 700; † 355. El *Ave verum* es fruto de esa reacción, cf. «Bulletin du Comité des Études de Saint-Sulpice», n.° 9, p. 20-21.
14. Dz 802; † 430.   15. Dz 1636-1651; † 874-883.
16. Concilio de Trento, sesión XIII, cap. I y canon 1; Dz 1804.1651; † 974.883.

2) *¿En qué sentido está presente?* Sin negar que Jesucristo esté presente en la eucaristía, como la cosa significada, en el signo; la realidad, en la figura; la potencia divina, en su instrumento; no podemos reducir a esto su presencia ni contentarnos con el sentido mínimo de dichas afirmaciones: Cristo está significado como existiendo realmente presente aquí. De donde se sigue la afirmación inequívoca: «Cristo está contenido en el sacramento *vere, realiter et substantialiter:* verdadera, real y substancialmente»: *Contenido,* como veremos, no significa una mera inclusión espacial, sino una presencia aquí, porque se da mediante el pan y el vino que están aquí. *Verdaderamente:* Cristo habló con toda propiedad cuando dijo: «Esto *es* mi cuerpo.» *Realmente:* no de manera figurativa como en 1Cor 10,4: «y la piedra era Cristo». *Substancialmente:* lo que está aquí presente es el ser mismo de Cristo, humano y divino *(substantia),* y no meramente su potencia divina de salvación *(virtus).*

Es lo que resume la siguiente tesis [17]:

Tesis XI. *In Eucharistia vere, realiter et substantialiter adest Corpus et Sanguis, una cum anima et divinitate Domini nostri Iesu Cristi ac proinde totus Christus* (de fide catholica).

En la eucaristía están verdadera, real y substancialmente presentes el cuerpo y sangre juntamente con el alma y divinidad de nuestro Señor Jesucristo, y, por tanto, Cristo todo entero *(de fe católica).*

El concilio de Trento añade [18] que la presencia sacramental así entendida no es incompatible con la localización del ser humano de Cristo en el cielo, «a la diestra del Padre» (y solamente allí), «según su modo natural de existir».

2. *¿Cómo se infiere tal afirmación de la de sacrificio memorial?*

1) La misa es sacrificio en cuanto es *memorial de la cruz,* rito mediante el cual el acto mismo de la redención se inserta

---

17.   Dz 1651; †883.   18.   Dz 1636; † 874.

en el presente de la Iglesia para que la Iglesia se asocie al mismo. El significado de dicho rito, su contenido espiritual, es el sacrificio de Cristo, contenido permanente de los acontecimientos de la cena y de la cruz, al que se une hoy el cuerpo místico de Cristo [19].

2) Ahora bien, ese acto de Cristo significado y contenido en el rito, ese sacrificio único es esencialmente *entrega de sí mismo*, don de todo cuanto él es en su realidad divina y humana, a su Padre y a la Iglesia. Cristo se entrega a su Padre en una obediencia amorosa hasta la muerte, para cumplir la misión que aceptó y de este modo glorificar a Dios. En virtud de dicha misión Cristo se entrega a la Iglesia como Cabeza y Salvador, aceptando la muerte por amor, a fin de salvarnos y congregarnos en la Iglesia, su pueblo, su esposa, su cuerpo. La mediación definitiva y sumamente eficaz es esa doble entrega total, ese acto único en que Cristo se entrega a su Padre y a la Iglesia inseparablemente, a su Padre por la Iglesia, y a la Iglesia por su Padre.

3) Si la consagración es el rito esencial del sacrificio que actualiza de nuevo, de un modo sacramental, esa doble entrega [20], necesariamente implica y significa la *presencia real del ser que se da*: no es posible la realidad del acto de entregarse, sin la realidad del *ser* dado. Sin dicho ser el acto carecería de objeto, y si el ser es otro ser, el acto de la entrega será también otro, no el mismo. No hay donación sin don; no hay donación de Cristo si lo que se da es pan y no Cristo.

4) ¿Por qué reservar a la eucaristía la «presencia real», siendo así que Cristo interviene y se entrega también a los fieles en los otros sacramentos? Porque sólo la eucaristía es el memorial de la redención, el don de Cristo a la Iglesia; en los

19. Cf. supra, p. 88-92.
20. Cf. supra, p. 100-102.

demás sacramentos, Cristo obra únicamente en el sujeto para transformarlo espiritualmente. Así por ejemplo en el bautismo no es necesario que el agua se convierta en el Espíritu Santo, porque el sacramento es aquí purificación, no donación, acto transitorio del cual sólo queda el efecto concerniente al sujeto, a saber la presencia del Espíritu Santo en él. Bautizar no es otra cosa que lavar de una manera especial: y eso no exige la promoción sobrenatural de la *substancia* del agua, sino sólo de uno de sus *efectos,* que del lavatorio material trasciende a la purificación espiritual mediante el acto sacramental.

§ II. Realización de la presencia: La transubstanciación.

Una vez admitida la presencia real de Cristo bajo las especies sacramentales falta ahora «situarla» de manera inteligible en lo que se refiere al pan y vino, o mejor, «situar» en relación a ella los elementos que la significan. ¿Hay que admitir que Cristo está *en* el pan, o que lo que era pan *es además* cuerpo de Cristo, o que el pan se *convierte* en cuerpo de Cristo conservando sus propiedades empíricas? A partir del siglo XI, la cuestión se plantea directamente, y se resuelve diversamente.

I. TEOLOGÍA Y MAGISTERIO EN LOS SIGLOS XII Y XIII.

1. *El siglo XII.*

En los primeros decenios del siglo XII se prosigue la polémica contra Berengario, basándose en la fórmula del 1079 (Alger de Lieja, Gregorio de Bérgamo). Al afirmar claramente la presencia real por «conversión substancial», conjuran a un tiempo el puro simbolismo y el cafarnaísmo. Queda bien establecido en adelante que el cuerpo eucarístico es el mismo cuerpo histórico de Jesús.

Los sumistas (Hugo de San Víctor, Pedro Lombardo) perfeccionan algo más la elaboración, y lo mismo hace Lotario de Segni (el futuro Inocencio III) en su obra *De sacro altaris mysterio* [21] en que afirma con toda claridad la «transubstanciación» (vocablo y concepto). El término (con la idea) no es, con todo, creación de dicho autor, circulaba ya desde 1135 aproximadamente [22].

Todos esos diversos trabajos, lo mismo que los escritos polémicos y actos del magisterio contra los cátaros y valdenses, culminan oficialmente en los decretos pontificios de Inocencio III: carta al arzobispo de Lyón, Juan de Belesmes, en 1202, en la que se distinguen los tres planos del sacramento eucarístico *(sacramentum tantum, res et sacrametum, res tantum* [23]*)*, y principalmente el IV concilio de Letrán (1215). Dicho concilio, en la tercera parte de la profesión de fe contra las herejías de la época [24], considera la eucaristía en íntima relación con los misterios de la Iglesia y de la redención; define que el cuerpo y sangre de Cristo «se contienen verdaderamente en el sacramento del altar *(veraciter continentur)* bajo las especies de pan y vino, después de transubstanciados, por virtud divina, el pan en el cuerpo y el vino en la sangre *(transsubstantiatis pane in corpus et vino in sanguinem)*». Y sólo un sacerdote debidamente ordenado puede realizarlo. El concepto de transubstanciación no se refiere aún a la noción aristotélica de la substancia. Significa simplemente que el *ser* esencial del pan y del vino *se convierte* en el *ser* esencial del cuerpo y sangre de Cristo, permaneciendo intactas las cualidades sensibles.

---

21. Lotario de Segni, *De sacro altaris mysterio;* PL 217,773-916. Véase en particular el encabezamiento del lib. IV, col. 851-885.

22. Cf. J. de Ghellinck, *Eucharistie au XIIe siècle en Occident*, DTC v, col. 1287-1293: el primero en usar el término sería Esteban de Baugé († 1139), *Tractatus de Sacramento altaris* 13.14; PL 172,1291.1293; poco después lo volvemos a encontrar en Rolando Bandinelli (el futuro Alejandro III), *Sententiae*, ed. Gietl, Friburgo 1891, p. 231.

23. Dz 782-784; † 414-416.

24. Dz 802; † 430.

2. El siglo XIII y santo Tomás de Aquino [25].

Notemos de paso los cuatro estimables autores anteriores a santo Tomás y en gran parte eclipsados por él: Guillermo de Auvergne, Alejandro de Halès, san Buenaventura, san Alberto Magno [26].

Es en su *Suma teológica* (III, q. 75-77) donde santo Tomás nos da la síntesis mejor elaborada de la época acerca de la cuestión que nos ocupa: vamos a analizar brevemente su doctrina, remitiendo al lector a § III, p. 141-142, por lo que se refiere a la q. 76.

1) LA CONVERSIÓN SUBSTANCIAL [27].

La afirmación fundamental de la fe es que Cristo está verdaderamente presente (a. 1), pero su presencia sólo es accesible a la fe, no a los sentidos.

Y esto es conveniente al valor del sacrificio, a la manifestación de la caridad de Cristo, etc... Se trata de una presencia integral de Cristo, Dios y hombre, en su mismo ser: se nos da realmente él mismo, no sólo en figura.

¿De qué manera el pan y vino dan fe de esa presencia de Cristo? Dejando de ser pan y vino (a. 2). En efecto, el cuerpo de Cristo sólo puede hallarse allí donde antes estaba el pan de dos maneras: o mediante un desplazamiento local o cambiando el pan en sí mismo. Ahora bien, el desplazamiento es insostenible (implicaría que Cristo dejase el cielo y se hallase simultáneamente presente en varios lugares distintos, etc...), por consiguiente, sólo queda que la *substancia* del pan se *convierte*

---

25. Prescindiendo de las alusiones ocasionales a la eucaristía y de los escritos apócrifos, notemos, por orden cronológico, los siguientes textos consagrados por santo Tomás a la eucaristía: *In IV Sent.*, d. 8-13; *In 1Cor 11,1.5-7; C. Gent.* IV, 61-69; *Opusc. De Articulis fidei et Ecclesiae Sacramentis* (4 de la edic. VIVÈS); *In Jn 6,1. 4-8;* III, q. 73-83.
26. Cf. DTC V, 1302-1320; en particular col. 1303, donde están indicadas las principales referencias.
27. SANTO TOMÁS, *Suma teológica* III, q. 75.

en la substancia [28] del cuerpo de Cristo y, por lo mismo, deja de ser pan.

La *substancia* del pan *no se aniquila* después de la consagración (a. 3), pues no es lo mismo dejar de existir pura y simplemente que convertirse en cuerpo de Cristo; por otra parte, un aniquilamiento impropiamente dicho (descomposición del pan en sus elementos químicos) exigiría tiempo y dichos elementos subsistirían.

Una vez admitida la *conversión substancial,* hay que reconocer que se trata de algo completamente distinto de todo proceso natural de conversión, en que «formas» diversas se suceden en un mismo sujeto o materia que permanece (a. 4).

2) LA PERMANENCIA DE LOS «ACCIDENTES» DEL PAN Y DEL VINO.

Es un hecho indiscutible que el ser empírico del pan y del vino permanece inmutable (q. 75, a. 5): el mismo volumen, el mismo color, sabor, etc... [29] De este modo podemos alimentarnos sobrenaturalmente del ser humano de Cristo, sin repugnancia natural.

Dichos «accidentes» permanecen sin otro «sujeto» que uno de ellos: el accidente de la cantidad o dimensión *(quantitas)* del pan es el único afectado por las demás cualidades sensibles de color, sabor, etc... Estos accidentes no tienen «sujeto», en el sentido de que no podemos atribuir esas propiedades al ser del pan, puesto que ya no existe el pan, ni al cuerpo de Cristo, que tiene sus propios modos de ser en el cielo y no puede sustentar

---

28. *Substantia,* término técnico de la teología, se traduce mal por el castellano substancia, tomado desde un punto de vista empírico más que metafísico (cf. NRT, 1955, 571-572). La *substantia,* es algo, persona o cosa, considerado en su ser esencial, dotado de unidad y consistencia propias, abstracción hecha de sus dimensiones, cualidades y propiedades diversas (accidentes, *accidentia).* Un hombre, compuesto de varias substancias distintas (sangre, huesos, tejidos musculares, nerviosos, etc...), no deja de ser *una substancia.* Por otra parte, cuando, en gracia a la brevedad, hablamos sólo de la *substancia* del pan convertida en la del cuerpo, ya se comprende que lo mismo hay que decir del vino convertido en sangre.

29. Hoy diríamos igualmente: las mismas propiedades físicas, químicas, etc... Científicamente, como empíricamente, el pan consagrado es absolutamente idéntico al pan ordinario.

tales accidentes del pan, como dimensión, color, etc... ni tampoco al aire circunstante (q. 77, a. 1). Cualidades y propiedades afectan a una cierta cantidad *(quantitas)*, que era la del pan, pero no lo es ya (q. 77, a. 2, en que santo Tomás se refiere a su cosmología).

Los «accidentes» que permanecen no son sólo las propiedades estáticas del pan, cuantitativas y cualitativas, sino también sus propiedades dinámicas: empíricamente hablando, el pan consagrado no se diferencia en nada del no consagrado. En particular, puede corromperse, en él pueden criarse mohos o gusanos, alimenta al que lo come, se fracciona, etc... (q. 77, a. 3-8). Pero todas esas alteraciones y procesos afectan sólo a los «accidentes» del pan; la *substantia* de Cristo es enteramente ajena a los mismos.

Si bien es verdad que ciertos detalles de la exposición de santo Tomás están ya desvirtuados, lo esencial persiste: un sólido realismo sin «fisicismo» grosero.

II. WYCLEF Y LOS CONCILIOS DEL SIGLO XV.

La edad de oro de la escolástica termina con la muerte de Duns Escoto (1308). Los más destacados autores del siglo XIV, Guillermo de Ockham y Durando de Saint-Pourçain, se apartan ya de la transubstanciación, y este último cae en un «fisicismo» alarmante [30].

1. *Juan Wyclef.*

Juan Wyclef († 1384), en su tratado *De Eucharistia*, no pone en duda la presencia sacramental, pero su filosofía excluye tanto la conversión substancial como la aniquilación de las *substantiae* pan y vino. La interpretación menos inaceptable a su entender sería una *consubstanciación:* pan y vino, permaneciendo

---

30. Cf. E. MANGENOT, *Eucharistie*, DTC v, 1302-1320, en particular col. 1303-1304, donde se indican las principales referencias.

tales, contienen a Cristo invisiblemente; dos *substantiae* bajo las mismas especies.

Un sínodo de Londres, en 1382, condenó esa doctrina, prohibió su difusión y confinó a Wyclef en una parroquia [31].

2. *El concilio de Constanza.*

El concilio de Constanza consagró su sesión VIII (mayo 1415) a los errores de Wyclef, repitiendo casi textualmente las proposiciones referentes a la eucaristía condenadas por el sínodo londinense [32]:

«1.ª La substancia del pan material e igualmente la substancia del vino material permanecen en el sacramento del altar.

»2.ª En dicho sacramento los accidentes del pan no permanecen sin sujeto.

»3.ª Cristo no está, en dicho sacramento, idéntica y realmente con su propia presencia corporal» (esta tercera proposición, a lo que parece, expresa más el pensamiento de los discípulos de Wyclef que el suyo propio).

Siguen dos proposiciones más, referentes a la eucaristía y a otras cuestiones: invalidez de los sacramentos administrados por un ministro que se halla en estado de pecado mortal, aunque esté debidamente ordenado; institución de la misa por Cristo sin fundamento en el Evangelio [33].

Las diversas censuras (entre ellas la de herejía) sólo son aplicadas a esas proposiciones y a los demás errores de Wyclef *in globo* [34]. En el cuestionario prescrito por la bula *Inter cunctas* para los discípulos de Wyclef y de Juan Huss, hallamos otra vez el contenido de estas tres proposiciones, expresado con mayor precisión en los n.ºs 16-17 [35].

---

31. Cf. Ibid. 1321-1324 y MANSI XXVI, 695-696. Véase también acerca de Wyclef y el proceso de la polémica por él suscitada hasta el Concilio de Constanza, F. JANSEN, *Eucharistiques (Accidents)*, DTC, col. 1399-1413.
32. Dz 1151-1153; † 581-583.
33. Dz 1154-1155; † 584-585.
34. Dz 1251; † 661.
35. Dz 1256-1257; † 666-667.

3. El concilio de Florencia.

El concilio de Florencia, en el decreto *Pro Armeniis* (1439), trata de la eucaristía juntamente con los demás sacramentos. Detalla los elementos rituales del mismo y precisa además su contenido: mediante las palabras de la consagración «se convierten la substancia del pan en el cuerpo y la substancia del vino en la sangre de Cristo; de modo, sin embargo, que Cristo se contiene todo bajo la especie de pan y todo bajo la especie de vino. También bajo cualquier parte de la hostia consagrada y del vino consagrado, hecha la separación, está Cristo todo entero» [36]. El final de ese pasaje interesa para los corolarios de la transubstanciación [37]; el principio del mismo afirma explícitamente lo esencial de la doctrina de la transubstanciación: la conversión de las *substantiae* pan y vino respectivamente en las *substantiae* cuerpo y sangre de Cristo.

III. LAS IDEAS DE LA REFORMA [38].

La escolástica decadente no comprendía ya la doctrina tomista de la transubstanciación, cuya elevada metafísica no estaba a su alcance. Las representaciones corrientes eran de un fisicismo más o menos inaceptable (cuyos rastros persistirán aún largo tiempo [39]), de ahí la reacción de los reformadores.

1. Doctrina de Lutero.

Lutero [40] persistió siempre en mantener con firmeza su afirmación de la presencia sacramental, según se infiere de los tex-

---

36. Dz 1320-1322; † 698.   37. Cf. infra, § III.
38. Cf. las declaraciones protestantes de H. STROHL, *La pensée de la Réforme,* Delachaux et Niestlé, 1951, p. 229-236 y mejor aún, en cuanto el pensamiento de Calvino, las de F. WENDEL, *Calvin, sources et évolution de sa pensée religieuse,* PUF, 1950, p. 251-271.
39. Cf. infra v, p. 138-140.
40. Véase *De captivitate babylonica,* contra los profetas celestes (Karlstadt y los «sacramentarios»), *Confesión de Augsburgo* y su *Apología, Artículos de Esmalcada,* diversas cartas y comentarios de la Escritura...

tos sagrados. Al principio vacila, en el modo de entenderla, entre una consubstanciación a la manera de Wyclef, y una transubstanciación mejor o peor comprendida (que rechazará a partir del 1525). Entre 1526 y 1528, explica la presencia eucarística a base del don de ubicuidad que la naturaleza divina de Cristo comunicaría a su naturaleza humana (ubicuismo erróneo fundado en la «comunicación de idiomas»). Aunque presente en todo lugar, Cristo no se *nos* hace *presente como comida y bebida* sino en el sacramento de la eucaristía, pues él mismo eligió esos signos para darse a nosotros, por pura gracia, mediante su palabra pronunciada sobre el pan y el vino, y recibida por nosotros con fe. Esta presencia dura tanto como la acción eucarística tal como Cristo la instituyó *(in usu):* no se prolonga una vez terminada dicha acción, ni tiene lugar en los actos «abusivos» de la eucaristía (misas rezadas, procesiones y bendiciones con el santísimo sacramento, etc...).

Después de negar la transubstanciación, Lutero insiste en el hecho de la presencia, único objeto de fe (que defiende con violencia contra Karlstadt, Zwinglio, etc., hasta el punto de aducir a su favor la del cardenal Humberto contra Berengario), pero sus explicaciones no pasan de ser imágenes de significación variable, orientadas más bien hacia la consubstanciación.

2. Doctrina de Zwinglio.

Zwinglio[41] es decididamente «espiritualista»: los sacramentos sólo porque estimulan la fe confieren la gracia; el ubicuismo luterano falsea la comunicación de idiomas. La cena sólo alimenta al alma recordándole la redención, objeto de su fe. Cuando Cristo dice: «Esto es mi cuerpo», el verbo *ser* hay que entenderlo, como en 1Cor 10,4, en el sentido de *figurar*[42]. Pues

---

41. Véase *Exposition et preuve des thèses (Schlussreden)* 18, *De vera et falsa religione, Amica exegesis*, cartas... Cf. J.-V. M. Pollet, *Zwinglianisme*, DTC 3825-2842. El art. 8 de su confesión de fe en la dieta de Augsburgo (1530) está traducido al francés por L. Cristiani, *Zwingle*, DTC 3744.
42. Fue el holandés Hoen (Hoenius), quien en una carta de fines del 1523, sugirió esa idea a Zwinglio.

no hay término medio entre el puro simbolismo y un realismo cafarnaíta, y este último es en todo punto inaceptable. Sentado este principio, Zwinglio cree verdaderamente en una presencia espiritual de Cristo, en una nutrición espiritual del alma mediante la eucaristía gracias a la fe, y combate a Karlstadt que negaba el valor de los sacramentos.

3. *Doctrina de Calvino.*

Calvino [43] busca un término medio entre luteranismo y zwinglianismo, inspirándose en san Agustín. Rechaza el ubicuismo de Lutero y el puro simbolismo de Zwinglio. Sin embargo, su noción de sacramento en general es bastante afín a la de Zwinglio, y la aplica tal cual a la eucaristía: mediante ese rito, el Señor garantiza su promesa de salvación, individualizándola y poniéndola más al alcance del creyente; por ese medio estimula la fe justificante y le comunica su propio objeto: «Jesucristo con su muerte y resurrección», el cual constituye «la materia o la substancia» del don sacramental. El Crucificado resucitado, al entregarse al creyente mediante la comunión sacramental, lo reconcilia con Dios y lo santifica: no podemos nosotros recibir los bienes de Cristo si él mismo no se da a nosotros. «Negar que en la cena se nos ofrece la verdadera comunicación de Cristo Jesús es reducir este santo sacramento a algo frívolo e inútil, lo que constituye una execrable blasfemia...» Nosotros necesitamos participar no sólo del Espíritu de Cristo, sino también «de su humanidad en que rindió a Dios Padre toda obediencia para satisfacer por nuestros pecados»; nuestras almas deben «saciarse de su cuerpo y sangre como del propio alimento». Y Calvino replica a los secuaces de Zwinglio: pan y vino «son signos de tal naturaleza, que la verdad va conjunta a los mismos». Rechaza, empero, igualmente la consubstanciación luterana y la transubstanciación católica (en realidad, él la concibe muy diversamente: por transubstan-

---

43. Véase el *Traité de la Sainte-Cène* y la *Institution chrétienne*, libro IV.

ciación entiende aniquilamiento de las substancias del pan y del vino y aportación del cuerpo y sangre de Cristo en lugar de ellas). Localizado solamente en el cielo, el cuerpo de Cristo no puede estar al mismo tiempo en los altares.

La presencia eucarística es, pues, una presencia real de Cristo, aunque meramente espiritual, en la fe (sin fe no hay presencia, al no aceptar la significación del signo); el cuerpo de Cristo no está vinculado materialmente al pan, lo que pasa es que al comer el pan con fe se recibe espiritualmente a Cristo en alimento. La acción material es signo e instrumento del don espiritual: basta decir que para Calvino, como para Lutero, la presencia sólo dura el tiempo que dura la celebración *(in usu)* y no se da fuera de una celebración correcta de la cena. De ahí las polémicas análogas de ambos contra la santa reserva y otros varios elementos de la práctica y de la doctrina católicas.

4. Después de los primeros reformadores.

En el anglicanismo, el *Bill* de 39 artículos (art. 28 y 29) tiene un sabor bastante calvinista, pero ha sido interpretado por su mismo redactor en un sentido católico y siempre se ha prestado a las más diversas interpretaciones [44].

Después de un eclipse en la época del protestantismo liberal, la fe y la piedad de luteranos y calvinistas señalan un retorno a la fe y piedad de Lutero y de Calvino.

IV. LA DOCTRINA DEL MAGISTERIO EN TRENTO Y EN LO SUCESIVO.

Las actas posteriores a la sesión XIII de Trento no aportan nada nuevo a la cuestión que nos ocupa; recuerdan la doctrina del concilio y la defienden contra las críticas injustificadas y contra interpretaciones minimizantes [45]. Vamos a estudiar, pues,

---

44. Cf. G. Constant, *La Reforme en Angleterre*, t. II, *Édouard VI*, Alsatia, 1939, p. 538-541.
45. Cf. Dz 2535.2629.3121-3124.3229-3232.3891; † 1469.1529.1843.1846.1919-1922.2318.

la sesión XIII de Trento, dejando aparte el capítulo I y el canon 1 relativos a la presencia real que hemos visto ya [46], y todo lo referente a los corolarios de transubstanciación que estudiaremos más adelante (cf. infra). Lo esencial está en el capítulo 4 y en el canon 2. Siendo insignificantes las diferencias de contenido entre esos dos textos, los examinaremos conjuntamente.

1) La doctrina de la transubstanciación que el concilio va a definir *no es una novedad:* La Iglesia la profesa desde siempre, porque está contenida implícitamente en los relatos inspirados de la cena. .«Cristo Redentor nuestro dijo que lo que él ofrecía bajo la apariencia de pan era verdaderamente su propio cuerpo; de aquí que la Iglesia de Dios tuvo siempre persuasión y ahora nuevamente lo declara en este santo concilio...» [47]. Si la Iglesia ha creído siempre en la transubstanciación, su fe, por consiguiente, no está vinculada a la filosofía aristotélica de la substancia y accidentes en su precisión técnica, pues sólo a partir del siglo XIII estructuraron el dogma los teólogos mediante dicha filosofía. El dogma de la transubstanciación antecede considerablemente al vocablo que lo expresa.

2) *Negación de la permanencia de las substancias de pan y de vino:* «Si alguno dijere que en el sacramento de la eucaristía permanece la substancia de pan y de vino juntamente con el cuerpo y sangre de nuestro Señor Jesucristo... sea anatema» [48]. Por consiguiente, es de fe que, después de la consagración, la substancia, el ser esencial del pan y del vino, desaparecen. Falta precisar si se trata de una aniquilación o de una «conversión substancial», mutación cabal de la esencia del ser. Las ideas wyclefistas, luteranas y otras acerca de la consubstanciación quedan excluidas: al convertirse en cuerpo de Cristo, lo que era pan deja de serlo.

---

46. Cf. supra, p. 122-125. 47. Dz 1642; † 877 (al principio).
48. Dz 1652; † 884 (al principio).

3) *Conversión de dichas substancias en cuerpo y sangre de Cristo:* el canon 2 continúa condenando al que «negare aquella maravillosa y singular conversión de toda la substancia del pan en el cuerpo y de toda la substancia del vino en la sangre... conversión que la Iglesia católica aptísimamente llama transubstanciación» [49]. Por consiguiente, es de fe que lo que era pan se convierte en cuerpo de Cristo, y lo que era vino, en sangre de Cristo; el término «transubstanciación» conviene perfectamente a dicha conversión (nótese que esta última afirmación es un inciso que no obliga a la fe como la primera relativa al hecho de la conversión).

El capítulo 4 es de tenor algo más preciso y técnico: la substancia del pan se convierte en substancia del cuerpo y asimismo la del vino se convierte en substancia de la sangre. En efecto, el pan no pasa a ser enteramente cuerpo de Cristo, sólo se convierte en el ser substancial de dicho cuerpo, conservando su propio ser empírico.

4) *Permanencia de las especies de pan y de vino* (sólo las especies, a saber, el ser empírico de tales materias, permanece inmutable). Esto es igualmente de fe a tenor del can. 2 [50]. ¿Hay que cargar el acento en el término «permanente» o en «sólo»? Probablemente en «sólo», pues es el único punto atacado por los reformadores y por Wyclef. Lo demás no ofrece dificultad alguna.

Pese a las apariencias del texto, no se canoniza aquí ni la doctrina aristotélica de la substancia y accidentes [51], ni la teología tomista de la transubstanciación en su integridad [52], como se infiere de las discusiones conciliares. En particular, no se intenta condenar la idea del aniquilamiento del pan y de la «aportación» de Cristo [53].

---

49. Ibid.   50. Dz 1652; † 884.
51. El concilio no usa aquí el término filosófico *accidentia*, sino el vulgar *species*. El cual no hay que entenderlo como puras apariencias. (subjetivas), sino lo que se percibe por los sentidos (y que existe empíricamente).
52. Cf. L. GODEFROY, *Eucharistie*, DTC, col. 1348-1349.
53. Cf. Id., ibid., col. 1349-1350 y E. MANGENOT, ibid., col. 1364-1365.

5. *Consecuencia.* En la eucaristía la manducación de Cristo *por el que comulga* es «sacramental y real», no *meramente espiritual* (aunque dicha manducación espiritual sea la finalidad y razón de ser de la sacramental) [54]: Todo lo cual puede sintetizarse en la tesis siguiente:

Tesis XII. *Post eucharisticam consecrationem non remanet substantia panis et vini, cum tota substantia panis convertatur in Corpus Christi, totaque substantia vini in Sanguinem Christi, manentibus dumtaxat speciebus panis et vini. Illam autem conversionem catholica Ecclesia aptissime transsubstantiationem appellat* (de fide catholica).

Después de la consagración eucarística nada queda de la substancia del pan y del vino, pues toda la substancia del pan se convierte en cuerpo de Cristo y toda la substancia del vino, en sangre de Cristo, permaneciendo solamente las especies del pan y del vino. Conversión que la Iglesia católica llama aptísimamente transubstanciación *(de fe católica).*

V. TEOLOGÍA «MODERNA» DE LA TRANSUBSTANCIACIÓN.

El concilio de Trento definió el dogma, no intentó bloquear el trabajo de los teólogos imponiendo la doctrina tomista. De ahí la aparición de dos corrientes de teorías diversas:

1. *Teorías escolásticas de la contrarreforma.*

San Roberto Belarmino [55], intentando explicar la doctrina de santo Tomás, presenta la transubstanciación como una acción única de Dios que destruye la substancia del pan y coloca en su lugar la substancia del cuerpo de Cristo. La unidad de la acción (que impide que el primer momento sea una aniquilación, pues termina en algo existente) se endereza al término querido por Dios: la primera substancia sólo es eliminada para

---

54. Canon ; Dz 1658; † 890.
55. En su *De controversiis*, véase el *De Sacramento Eucharistiae* III, cap. 18. Cf A. Michel, *Transsubstantiation*, DTC, col. 1401.

dar lugar a la segunda. Esta posición es ortodoxa, pero siendo pura imaginación fisicista fue rechazada con razón por santo Tomás (III, q. 75, a. 3 y 8).

Suárez [56] tantea una explicación más metafísica: no hay aducción de Cristo (plano de los accidentes) sino una nueva conservación (plano de la substancia; no puede tratarse de creación puesto que Cristo existe ya). La substancia del pan no se aniquila directamente, sino indirectamente, mediante la acción divina que da a los accidentes del pan la existencia por sí mismos. La unidad de esas dos acciones es también el fin querido por Dios. Suárez sólo escapa al fisicismo para caer en el verbalismo.

2. Teorías cartesianas y similares.

Descartes [57], que identifica la esencia de los cuerpos con la cantidad o dimensión de los mismos, no puede admitir tal cual, sin contradecirse, la permanencia de los accidentes del pan (entre ellos la cantidad) junto, con la inmutación de la substancia. Por consiguiente, restringe las especies a puras apariencias (objetivas o más bien subjetivas); en cuanto al cambio de substancia lo interpreta de la unión de las partículas que componen el pan, con el alma de Cristo. Y así admite una especie de *impanación* (unión hipostática del pan con Cristo), que supone varios milagros.

Este concordismo fisicista ganó muchos adeptos en el siglo XVII, entre ellos los padres Desgabets [58] y Maignan [59].

Leibniz [60] no reduce la materia a la extensión: los cuerpos

---

56. En su comentario de la *Suma* III, véase la 50 *disputatio*. Cf. A. Michel, ibid., col. 1402, y L. Mahieu, *Fr. Suarez, sa philosophie et les rapports qu'elle a avec sa théologie*, Desclée 1921, p. 393-404.

57. Cf. *Réponse aux quatrièmes objections* publicada a continuación de las *Méditations* y en particular véase las *Lettres au Père Mesland*, ed. Adam-Tannery IV, 162-175 y 345-348; cf. F. Jansen, *Eucharistiques (Accidents)*, DTC, col. 1422-1443; H. Gouhier, *La Pensée religieuse de Descartes*, Vrin, 1924, p. 248-258.

58. DTC 5, 1427-1428.1435-1436.

59. DTC 5, 1431-1432.

60. Cf. *Systema theologicum, Théodicée*, cartas a Arnauld y a Desbosses; cf.

están compuestos de *mónadas* inextensas, cuyo dinamismo constitutivo se manifiesta por las cualidades y propiedades de los cuerpos, comprendiendo la extensión. La disyunción eucarística substancia y accidentes ya no presenta dificultades [61]. Entre 1850 y 1930, fueron varios los teólogos católicos que siguieron más o menos este camino: Ubaghs, Leray, Véronnet [62]...

Estamos todavía al nivel de un concordismo fisicista.

Sin alegar su procedencia de la misma filosofía, los conceptos de Bayma y de Rosmini, censurados por el Santo Oficio en el siglo XIX, son casi del mismo orden [63].

§ III. Corolarios de la transubstanciación.

I. EL CONTENIDO DE LA EUCARISTÍA.

Según Lutero [64] y Calvino [65], 'si bien Cristo se hace totalmente presente bajo cada especie sacramental, tan sólo se da como cuerpo bajo la especie del pan y como sangre bajo la especie del vino; de ahí la necesidad de comulgar bajo las dos especies. Así parece derivarse de las palabras de Cristo en la cena.

El concilio de Trento, sesión XIII, entiende dichas palabras de muy distinto modo, pues declara anatema a todo aquel que «negare que en el venerable sacramento de la eucaristía se contiene a Cristo entero bajo cada una de las partes de cualquiera de las especies hecha la separación» [66].

En este canon 3 quedan definidos dos puntos:

Presencia integral de Cristo bajo cada especie,

J. Baruzi, *Leibniz*, col. *La Pensée chrétienne*, Bloud 1909, p. 72-74 y 248-262, y F. Jansen, *Eucharistiques (Accidents)*, DTC, col. 1447-1448.

61. Cf. F. Jansen, *Eucharistiques (Accidents)*, DTC, col. 1447-1449.

62. DTC 5, col. 1448-1449.

63. Dz 3121-3124.3229-3232; † 1843-1846.1919-1922; Cf. E. Mangenot, *Eucharistie*, DTC, col. 1365-1366.

64. *Art. de Esmalcalda*, parte tercera; trad. francesa de las *Oeuvres* (escogidas) de Lutero, Labor et fides, Ginebra VII, 1962, p. 250.

65. *Petit traité de la sainte Cène*, parte cuarta, ed. citada, p. 53.

66. Dz 1653; † 885.

En caso de división, la presencia integral en cada parte. El primero de estos dos puntos, considerado juntamente con el can. 2, plantea una tercera cuestión: la de dos modos diferentes de presencia para los diversos componentes del ser de Cristo.

1. *Presencia integral de Cristo bajo cada especie.*

Esta presencia afirmada en el can. 3, lo había sido ya en el cap. 3 de la misma sesión [67] y lo sería de nuevo en la sesión XXI [68]. No era una novedad en Trento: en el siglo XV, ya se había enseñado en Constanza y en Florencia [69], y era la misma doctrina de santo Tomás (III, q. 76, a. 2) [70].

Para la escolástica, la razón fundamental era la indivisibilidad de Cristo resucitado, el cual puede estar presente en cierta manera *figurando* la separación del cuerpo y la sangre, pero no puede sufrir realmente esa separación mortal. Se llegaría a la misma conclusión partiendo de la acción eucarística, memorial del don, hecho por Cristo, de todo su ser: dicha donación es indivisible (aceptación sacrificial y redentora de la muerte, para Dios y para nosotros), y la recibimos igualmente bajo una sola especie que bajo las dos.

2. *Dos modos diferentes de presencia.*

Al comparar los cánones 2 y 3 de Trento, sesión XIII, vemos que uno nos dice que el pan se convierte en cuerpo y el vino en sangre; y el otro nos dice que cuerpo, sangre, alma y divinidad, están igualmente presentes bajo cada especie. Hay, pues, en cada especie, no solamente el término directo de la conversión substancial (cuerpo bajo la especie de pan, sangre bajo

---

67. Dz 1639-1641; † 876.
68. Dz 1729.1733; † 932.936.
69. Dz 1198-1200.1257.1320-1322; † 626.667.698.
70. Desde los tiempos más remotos la Iglesia daba la comunión bajo una sola especie cuando era necesario hacerlo, antes que dicha costumbre se convirtiera en una norma general en Occidente.

la especie de vino), sino todos los demás componentes del ser de Cristo, que se encuentran presentes, no a título de las palabras sacramentales («Esto es mi cuerpo», nada más; «Esto es mi sangre», nada más), sino porque el cuerpo y la sangre de Cristo no pueden estar presentes sin que todo Cristo esté presente, y van, por tanto, acompañados *(concomitata)* de los otros elementos de su ser. Hay, pues, dos modos, o mejor dicho dos títulos de presencia: presencia en virtud de las palabras sacramentales *(vi verborum)* y presencia por concomitancia *(vi concomitantiae)*. Ésta es la doctrina explícita de Trento, sesión xiii, cap. 3 [70a], que ya lo era, aunque menos claramente, de Florencia (D 698) [70b]. Santo Tomás lo había explicado en iii, q. 76, a. 1 (cf. también a. 2).

3. *Presencia integral de Cristo y división de las especies.*

La presencia integral de Cristo bajo cada parte de cada especie en caso de división efectiva, es afirmada en Florencia [70c] y definida en Trento [70d]. El capítulo 3 de la misma sesión xiii, de Trento [71], afirma la presencia integral de Cristo bajo cada parte de cada especie, sin precisar «hecha la separación», aunque, según la doctrina común de la Iglesia, dicha presencia es tal desde antes de la separación. Mas, por diversas razones, el concilio limitó adrede su definición [72]. Santo Tomás, en la iii, q. 76, a. 3, expone y justifica la doctrina común: Cristo está presente por su *substancia,* no por su extensión; y la substancia está totalmente presente en cada parte del cuerpo (los art. 4-6 de la misma cuestión explicitan de manera interesante la referencia de la presencia sacramental a la extensión.)

70a. Dz 1639-1641; † 876.
70b. Dz 1320-1322; † 698.
70c. Ibid.
70d. Dz 1653; † 885.
71. Dz 1639-1641; † 876.
72. Cf. art. *Eucharistie,* DTC, col 1352.

La tesis siguiente condensa lo que está *definido:*

Tesis XIII. *Totus Christus in Eucharistia praesens est sub unaquaque specie, sub singulis cuiusque speciei partibus, separatione facta* (de fide catholica).	En la eucaristía todo Cristo está presente bajo cada una de las especies y en cada una de las partes de cada especie después de la separación *(de fe católica).*

II. DURACIÓN DE LA PRESENCIA EUCARÍSTICA.

Lutero y Calvino limitaban a la celebración de la cena la duración de la presencia sacramental (en el sentido en que admitían ésta): el concilio de Trento definió, contra ellos, una presencia que comienza en la consagración y perdura tanto como la existencia de las especies sacramentales (sesión XIII, can. 4) [73]. La costumbre católica de la sagrada reserva es explícitamente reconocida y fundada por este mismo canon y, más aún, por el capítulo 6 que precede [74]. Su legitimidad queda formalmente definida en el can. 7 [75].

La doctrina concerniente a la duración de la presencia eucarística es tan tradicional que por sí sola basta: santo Tomás no le reserva ningún artículo de la Suma, pero, a propósito de otra cosa· (III, q. 77, a. 5, c.), declara: «Mientras permanecen las especies del pan y del vino, permanecen el cuerpo y la sangre de Cristo.»

Esta afirmación deriva de la del don hecho por Cristo: Cristo se da definitivamente a Dios y a la Iglesia en su muerte y su resurrección, y también, por vía de consecuencia, en su memorial sacramental. Las especies sacramentales están destinadas a ser consumidas. Pero el acto de Cristo que entrega sacramentalmente su cuerpo y su sangre a la Iglesia, y el acto de los fieles que consumen la eucaristía pueden estar separados por un lapso de tiempo: durante este tiempo, el cuerpo y la

---

73. Dz 1654; † 886.
74. Dz 1645; † 879.
75. Dz 1667; † 889.

sangre de Cristo no dejan de ser el don entregado; por consiguiente, han de estar presentes bajo las especies sacramentales. Si los reformadores y sus discípulos negaron esta conclusión fue menos por razones válidas que para acabar con los abusos existentes o presuntos que en el catolicismo resultaban de la fe en la permanencia de la presencia real. La Sagrada Escritura no pedía tanto.

La tesis católica obligada puede, pues, formularse como sigue:

Tesis XIV. *Peracta consecratione statim adest Christus, remanetque verum Corpus eius in hostiis seu particulis consecratis quae post communionem reservantur vel supersunt* (de fide catholica).

Inmediatamente después de realizada la consagración, Cristo se hace presente, y su verdadero cuerpo permanece en las hostias o partículas consagradas que quedan después de la comunión o se conservan en la reserva *(de fe católica)*.

III.   LA ADORACIÓN DE LA EUCARISTÍA [76].

Vivamente combatida por los protestantes desde el principio, la práctica de la adoración de la eucaristía se da desde los orígenes entre los ortodoxos, pero su amplitud es palmariamente inferior a la que existe en la Iglesia Romana de la baja edad media y de los tiempos modernos. Los ortodoxos coinciden en gran parte con los protestantes sobre la idea de que la eucaristía fue instituida por Cristo como alimento y no como objeto de adoración; pero están con Roma en tributar a Cristo, sacramentalmente presente en la celebración litúrgica, los honores divinos que le corresponden. La considerable extensión de di-

---

76. E. Bertaud, G. Vassali, E.-G. Núñez y R. Fortin, *Dévotion eucharistique,* en el art. *Eucharistie,* DS 1621-1648. Véase también algunos fragmentos de E. Longpré, *Eucharistie et expérience mystique,* ibid., 1586-1621. Cf. J. Galot, S.I., *Théologie de la présence eucharistique,* NRT, enero de 1963, p. 19-39.

chos honores, en particular fuera de la misa, es debida principalmente, en el catolicismo latino actual, a una reacción de fe
contra la herejía de Berengario de Tours [77]. El Oriente no ha
tenido esa razón histórica para aumentar notablemente las formas de adoración de la eucaristía en uso en toda la Iglesia
desde los primeros siglos, y en particular después de Nicea.

Para santo Tomás, la obligación de adorar el santísimo sacramento es tan evidente que no le dedica ningún artículo de
la *Suma*, pero la utiliza varias veces como premisa en la demostración de diversas tesis [78].

Frente a las negativas protestantes, el concilio de Trento
reivindica enérgicamente, en una definición infalible, la legitimidad de la adoración tributada al santísimo sacramento en el
catolicismo, lo mismo en la misa que fuera de ella (Ses. XIII,
cap. 5 y can. 6) [79].

De él emana en substancia la siguiente tesis:

Tesis XV. *In Eucharistiae sacra-*
mento Christus unigenitus Dei Fi-
lius est cultu latriae etiam externo
adorandus (de fide catholica).

En el sacramento de la eucaristía,
Cristo, Hijo único de Dios, debe
ser adorado con culto de latría, no
sólo interno sino también externo
(de fe católica).

---

§ IV. Conclusión.

Después de tantos rodeos en un estudio complicado por la
historia de las herejías y de las teorías, vamos a intentar poner
de relieve y sintetizar lo que hay de vital para la fe y la predi-
cación en el presente capítulo.

---

77. Cf. E. DUMOUTET, *Le désir de voir l'hostie et les origines de la dévotion au
Saint-Sacrement*, Beauchesne, 1926; Id., *Le Christ selon la chair et la vie liturgique
au moyen âge*, ibid., 1932,; Id., *Corpus Domini*, ibid., 1942.

78. Cf. III, q. 74, a. 8, c., q. 75, a. 2, c.; q. 76, a. 8, sed contra...

79. Dz 1643-1656; † 878-888. Cf. A. DUVAL, O.P., *Le Concile de Trente et le culte
eucharistique*, en «Studia Eucharistica», Amberes 1946, p. 379-413.

1) Tanto en la acción eucarística como en el acontecimiento redentor cuyo memorial es, lo esencial es *el don que Cristo hace de su persona* (en la muerte y en el más allá) a su Padre y a la Iglesia. Al entregarse a su Padre en la máxima obediencia, repara Cristo el pecado de Adán y todos nuestros pecados; al entregarse a nosotros por amor y como manantial de amor, nos comunica la vida eterna que fluye copiosamente de él. La misa es primariamente ese doble don, a Dios y a la Iglesia: y se refiere a la Iglesia como tal antes que a cada uno de los fieles. Es la comunidad en cuanto tal la que recibe primariamente a Cristo que se le entrega; a ella ante todo, se hace presente Cristo mediante los signos eucarísticos: su presencia está ligada a la fe de la Iglesia, no a la del celebrante ni a la de los asistentes.

Y se da como *cuerpo* vivo y vivificante, centro de unidad comunitaria y alimento, pues él nos junta unos con otros en la unidad de un mismo cuerpo y nos da vida identificándonos a cada uno con él, y revistiéndonos del «hombre nuevo», que es él mismo con toda plenitud desde un principio. Se da asimismo como *sangre* sacrificial, a saber, como factor objetivo de mediación religiosa anexa a la inmolación: sangre de la verdadera pascua, sangre de la nueva alianza, sangre de la expiación. Recibir el cuerpo de Cristo es recibir su persona íntegra en cuanto tal, en el ejercicio de sus funciones unificadoras y vivificantes. Recibir la sangre de Cristo es recibir su persona íntegra en cuanto tal, en el ejercicio de sus funciones reconciliadoras y santificantes. Cosa fácil sería demostrar que dichas funciones diversas son correlativas; si Cristo está presente como cuerpo, está presente en su totalidad, y lo mismo hay que decir si se da primeramente como sangre.

2) *El acto de la donación compromete el ser,* como tal *en su totalidad y para siempre.* Si falta una u otra de dichas condiciones, no hay donación, hay préstamo o utilización.

Puesto que lo que era pan se nos da como cuerpo de Cristo,

y que al recibirlo recibimos a Cristo; no es ya pan, por consiguiente, lo que recibimos, sino Cristo-cuerpo. Y lo mismo el vino, se convierte en Cristo-sangre. Es lo que se infiere de las palabras de Cristo en la cena, y lo único que corresponde exactamente al don que es nuestra redención, cuyo memorial es la eucaristía.

En primer lugar, es mediante nuestra conversión (fe, arrepentimiento, esperanza, amor) como recibimos ese don de Cristo y nos comprometemos personalmente en el acto de la Iglesia acogiendo a su Esposo y Cabeza. Mas, la conversión no se pone de manifiesto plenamente sino es en la participación activa en el acto central de la Iglesia: misa y comunión. La voluntad consecuente de recibir en su totalidad el don de Cristo se orienta forzosamente hacia el signo en que Cristo se da plenamente.

3) Si lo que era pan hace un momento deja de serlo al convertirse en cuerpo de Cristo (pues es imposible que *una misma* cosa pueda *ser* simultáneamente *dos* seres distintos), ¿como se explica que nada haya cambiado en el orden empírico?

Una de dos: o el ser empírico del pan, que permanece después de la consagración, no pasa de ser una apariencia subjetiva, o bien hay que admitir que los «accidentes» persisten sin «sujeto».

A primera vista, la primera explicación es más satisfactoria. Pero en realidad lleva consigo graves inconvenientes, pues traslada la eucaristía del orden de los sacramentos al de los prodigios y supone una substracción del ser en la consagración.

La segunda explicación, la de santo Tomás y la del magisterio, es la única que evita el fisicismo. En el plano sensible y científico, nada ha cambiado, ni en realidad ni en apariencia. Mas este ser empíricamente inalterado se ha convertido *esencialmente* en otro ser, pues al recibirlo recibimos a Jesucristo ya que se nos da como cuerpo o sangre de Cristo. Jesucristo no se halla contenido dentro del volumen de la hostia (previamente destituida de su substancia) como un cuerpo en un recipiente, mas lo que *era* pan (y sigue siéndolo desde el punto de vista de las ciencias positivas) se ha *convertido* metafísicamente en otra cosa totalmente diversa. Mediante el ser empírico del pan, no es ya pan lo que se nos presenta sino el mismo cuerpo de Cristo.

. Todo eso puede y debe creerlo el cristiano, cualesquiera que sean sus teorías científicas que sólo regulan lo que sabemos del ser empírico y nada más. En el nivel en que dichas teorías, las que sean, perciben lo real, no pasa *nada* en el pan y vino cuando se realiza la consagración eucarística. Pero en el orden esencial, el de las relaciones del hombre con Dios, el pan material se ha convertido en el Pan de vida.

CAPÍTULO TERCERO

LA COMUNIÓN EUCARÍSTICA

BIBLIOGRAFÍA.

H. Moureau y E. Dublanchy, *Communion eucharistique*, en DTC.
F. Cuttaz, M. Viller, J. Dühr, *Communion* en DS.
E. Longpré, *Eucharistie et expérience mystique*, en *Eucharistie, DS,* 1586-1621.

§ I. Naturaleza y efectos de la comunión.

Porque perfecciona nuestra unión con Cristo, la comunión eucarística robustece nuestra vida sobrenatural (I), consolida la mutua unión entre los fieles en la Iglesia (II), nos aparta del pecado (III) y nos dispone para la gloria celestial (IV) [1].

I. COMUNIÓN SACRAMENTAL CON CRISTO.

Con el concilio de Trento (sesión XIII, cap. 8) [2], heredero de la tradición, podemos señalar tres maneras distintas de comulgar: de un modo puramente sacramental (en que, por no estar en estado de gracia, no se recibe espiritualmente a Cristo), me-

---

1. Cf. Trento, sesión XIII, cap. 2; Dz 1638; † 875.
2. Dz 1648; † 881.

ramente espiritual o de deseo (se percibe entonces el fruto del sacramento, sin el signo sacramental), y finalmente sacramental y espiritualmente a la vez. La primera, lejos de unir a Cristo, le ofende gravemente y merece la condenación (1Cor 11,27-32). Vamos a ocuparnos en el presente párrafo de la tercera solamente.

El acto de comer constituye la más perfecta apropiación que darse pueda, expresa la intención de incorporar a sí mismo la fuerza vital del alimento, de convertir lo mejor de su esencia en algo propio, principio de una más perfecta capacidad de acción, de una vitalidad superior. Por eso precisamente escogió Cristo esta forma de darse a nosotros bajo los signos de una comida (cf. Jn 6); mas la elección del pan y el vino como elementos sacramentales nos orienta hacia otra cosa distinta de un canibalismo: no es ciertamente nuestra vida carnal la que quiere alimentar el Señor con su propia vida, es a nuestra personalidad religiosa a la que quiere entregarse el Verbo encarnado, para comunicarnos su *vida eterna*. No se trata de prótidos, sino de comunión con el Padre: «Así como yo, enviado por el Padre, que es fuente de vida, vivo por el Padre; así, aquel que me come a mí vivirá por mi» (Jn 6,57). Y eso interesa al hombre en su totalidad, pues el pan de vida le asegura la resurrección corporal, aunque en un plano enteramente distinto que el de la nutrición material: la manducación sacramental utiliza ciertamente la materia (pan y vino transubstanciados), pero excede a la nutrición corporal tanto como Cristo glorioso sobrepuja a un alimento profano y como la *vida eterna* aventaja a la vida animal.

Si Cristo se entrega a nosotros con su propia vida, no es ciertamente como un puro medio de corroborar y enaltecer nuestra vida terrena dentro de su línea natural: la enaltece elevándola a su propia esfera de existencia divina. Al hacerse nuestro alimento, no deja de ser nuestro Señor, y nos atrae a su servicio y al servicio de Dios Padre vigorizando nuestra fe, nuestra esperanza y nuestro amor, en una palabra, nuestra aptitud para recibir la gloria del cielo como máximo regalo y a la vez como justa recompensa de nuestras obras.

El concilio de Florencia [3] *(Pro Armeniis:* D 698 *circa finem)* enseña que el fruto de este sacramento, para el que lo recibe dignamente, «es la unión del hombre con Cristo. Y como, por la gracia, se incorpora el hombre a Cristo y se une a sus miembros, síguese que la gracia se aumenta por este sacramento...»

La *vida eterna* nutrida en nosotros por este sacramento, no es otra, para el *homo viator*, que la gracia santificante, juntamente con las virtudes teologales, los dones del Espíritu Santo y las gracias actuales, que le sirven de ejercicio. Tal es la aportación esencial de Cristo al darse él mismo al mundo; tal es el efecto primario de la pasión de Cristo re-presentada mediante la misa, y tal la base de la «nutrición espiritual» significada en las especies sacramentales.

Además, el pan en el que se unifican muchos granos de trigo, el vino en el que confluye el jugo de muchos granos de uvas, simbolizan muy bien la caridad acrecentada en nosotros por la comunión (cf. III, q. 79, a. 1).

Todo ello puede resumirse en la siguiente tesis:

Tesis XVI. *Fideles recte communicantes Christum manducant sacramentaliter, suamque cum illo unionem augent, accipientes augmentum gratiae et caritatis* (de fide catholica).

Los fieles que comulgan como es debido comen sacramentalmente a Cristo y acrecientan su unión con él, recibiendo un aumento de gracia y de caridad *(de fe católica).*

II. UNIDAD DE LA IGLESIA, CUERPO MÍSTICO DE CRISTO.

Al comunicar a los fieles su propia vida y unirlos consigo del modo más estrecho, Cristo los une con otros como órganos de un mismo cuerpo. Esto se realiza ya en el bautismo de modo

---

3. *Pro Armeniis,* Dz 1322; † 698.

inicial [4] y se restablece, se confirma y acrecienta mediante la comunión eucarística (1Cor 10,16-17). Algunos padres, en particular san Agustín, han desarrollado esta doctrina, que fue sancionada por el decreto *Pro Armeniis* en el concilio de Florencia [5] y por el concilio de Trento, sesión XIII, prólogo, cap. 2 y cap. 8 [6].

En su encíclica *Mystici Corporis,* Pío XII alude por dos veces a la influencia unificante que ejerce la comunión eucarística sobre la Iglesia: este común alimento une a los fieles entre sí y con su divina Cabeza [7]; símbolo de unidad eclesial, por la unificación que constituye su misma naturaleza, el pan sacramental incrementa la caridad entre nosotros al comunicarnos el Espíritu de Cristo [8].

Dicho efecto se infiere del precedente: Cristo muerto y resucitado no puede darse a nosotros y comunicarnos su vida sin orientarnos hacia sus propios motivos de vivir; no puede asociarnos al memorial del acto redentor sin solidarizarnos con un fin primordial, con un efecto esencial de dicho acto. Ahora bien, la unidad de los creyentes en una sola Iglesia, cuerpo de Cristo y familia de Dios Padre, es uno de los fines esenciales de la vida terrena de Cristo, uno de los efectos primarios de su muerte y de su resurrección [9].

Ya en el Antiguo Testamento, la alianza sellada entre Dios y el pueblo unía entre sí a los individuos, pues la ley organizaba no sólo el culto de Yahveh, sino también la vida social, y los banquetes sacrificiales, al unir a los comensales con Dios, los unían entre sí. En la nueva alianza, la realidad tiene incomparablemente más profundidad y fuerza que esos factores de una unidad prefigurativa, pues el Espíritu Santo «ha derramado en nuestros corazones» el propio amor de Dios a sus hijos (cf. Rom 5,5). El banquete que compartimos con nuestros herma-

---

4. Cf. 1Cor 12,12-13; Gál 3,27-28.
5. Dz 1322; † 698.
6. Dz 1635.1638.1649-1650; † 873.875.882.
7. AAS, 1943, p. 203.
8. O.c., p. 223.
9. Jn 10,14-17; 11.50-52; 17,20-23; col 1,17-20; Ef 2,11-22; 3,5-6; 4,1-16...

nos es incomparablemente más sagrado y vivificante. Concluyamos pues:

Tesis XVII. *Communione, usu scilicet Ecclesiae convivii, seu sacramenti unitatis in Christo, confirmatur mutua Ecclesiae membrorum unio* (fidei proximum).	Por la comunión, o sea, por la participación en el banquete de la Iglesia, o sacramento de la unidad en Cristo, se refuerza la mutua unión entre los miembros de la Iglesia *(próximo a la fe)*.

III. LA COMUNIÓN, REMEDIO CONTRA EL PECADO [10].

La sangre de Cristo, que recibimos siempre en la comunión (aunque sólo comulguemos bajo la especie de pan), fue «derramada por muchos en remisión de los pecados» (Mt 26,28). La eucaristía no puede unirnos a Cristo y a la Iglesia, ni fortalece nuestra vida sobrenatural sin purificarnos de los pecados cometidos y preservarnos de los futuros. No hay que olvidar, con todo, que es un «sacramento de vivos» y no está ordenado, por consiguiente, en general, a purificarnos del pecado mortal: sólo tendría ese efecto accidental en el caso de que alguien se acercara a la comunión sin tener conciencia de pecado mortal o habiéndolo olvidado ya, y sin afecto al mismo, y alimentando sentimientos de contrición imperfecta, por lo menos (III, q. 79, 1. 3). En caso de un pecador consciente de su estado, cf. infra p. 163s [11].

---

10. Cf. J.M.R. TILLARD, O.P., *L'Eucharistie, purification de l'Église pérégrinante,* NRT, mayo y junio de 1962, p. 449-474 y 579-597.

11. Sin embargo, algunos teólogos de quienes se hace eco san ALFONSO *(Theol. Moralis,* lib. VI, tract. III, c. 2, dub. 1, art. 1, n.° 237, ed. Gaudé, Impr. Vaticana, t. 3, 1909, p. 205 y 207; cf. H. MOUREAU, *Communion,* DTC, 510) opinan que en ausencia del sacerdote un moribundo meramente «atrito» podría recibir el viático que le sería entonces necesario para conseguir la contrición y la gracia santificante. Dicha necesidad les suministra la base para justificar el recurso eventual a un seglar para la administración del viático. Posición mantenida por D. JÓRIO (a la sazón secretario de la Congreg. de los Sacramentos) en *La Comunione agl'infermi,* Roma, 1931, con un prefacio del card. LEGA, prefecto de la misma Congregación (= tr. fr.: *La Communion des malades,* «Mus. Less.» Lovaina 1933), n.° 99; cf. A. BRIDE, *Viatique,* DTC, 2857. Por otra parte, la mención de la contrición perfecta, en los cánones 807 y 856 del Código, añade una precisión a las decisiones tridentinas (Dz 1646-1661; † 880-893).

1. *La comunión purifica de los pecados veniales.*

Es ésta una afirmación frecuente en los santos padres y que el concilio de Trento hizo suya (sesión XIII, cap. 2: «quo liberemur a culpis quotidianis...») [12]. Santo Tomás lo explica partiendo del simbolismo nutritivo del sacramento y del hecho que la *res* del mismo es la caridad: el alimento sirve entre otras cosas para reparar el desgaste de fuerzas (al caso, debilitación del fervor de la caridad) que la actividad cotidiana trae consigo; el incentivo de la caridad borra los pecados veniales (III, q. 79, a. 4).

Al darse a nosotros, Cristo reaviva nuestra caridad y nos da libertad y desasimiento respecto de las criaturas deseadas con exceso o indebidamente amadas.

2. *La comunión preserva de los pecados mortales.*

La comunión preserva de los pecados mortales futuros por la misma razón fundamental: cuanto más participamos de la vida de Cristo y adelantamos en su amistad, tanto más difícil nos resulta romper con él por el pecado mortal. A continuación del pasaje anteriormente citado el concilio de Trento enseña que por la comunión «somos preservados de los pecados mortales» [13].

Santo Tomás basa la demostración del aserto en el acopio de fuerzas que nos procura Cristo al darse a nosotros en la comunión y en la potencia soberana de la cruz redentora contra los demonios, significada en la eucaristía (III, q. 79, a. 6). Todo progreso en la verdadera caridad, es un progreso en la libertad y, por ende, en la fortaleza para resistir a las tentaciones, mediante la fidelidad a las gracias actuales.

---

12. Dz 1638; † 875.
13. Ibid.

Todo lo dicho queda sintetizado en los siguientes términos:

Tesis XVIII. *Communione liberamur a culpis quotidianis et a peccatis mortalibus praeservamur* (fidei proximum).	Por la comunión somos purificados de nuestras faltas diarias y preservados del pecado mortal *(próximo a la fe).*

Con razón podemos extender más aún la acción atribuida a la comunión contra el pecado reconociendo, con no pocos padres y teólogos, que mitiga también la concupiscencia y nuestras malas inclinaciones.

IV. PREPARACIÓN PARA LA GLORIA CELESTIAL Y LA RESURRECCIÓN [14].

La bienaventuranza y la resurrección gloriosa nos serán conferidas como expansión definitiva de nuestra unión con Cristo mediante la gracia y la práctica de la virtud. De cuanto llevamos dicho en ese § I, se infiere que la comunión es para nosotros prenda y causa de glorificación.

Jesús lo afirma con insistencia en Jn 6, en particular en el v. 54: «El que come mi carne y bebe mi sangre tiene la vida eterna y yo le resucitaré el último día.» Los santos padres se hacen eco repetidas veces de tales palabras, lo mismo que varias poscomuniones del misal romano. El concilio de Trento llama a la eucaristía «prenda de nuestra futura gloria y de nuestra eterna felicidad) (ses. XIII, cap. 2) [15] y a continuación, en la misma sesión, se declara que mediante el vigor comunicado por ese sacramento podemos pasar del terrestre destierro a la patria celeste donde el mismo «pan de los ángeles», sin los velos sacramentales, será nuestro alimento (cap. 8) [16]. Y en ello se funda la grave obligación, por parte del cristiano en peli-

14. Cf. J.M.R. Tillard. *L'Eucharistie, sacrement de l'espérance ecclésiale*, NRT, 1961, p. 561-592 y 673-695.
15. Dz 1638; † 875.
16. Dz 1649; † 882.

gro de muerte (y cualquiera que sea su causa), de recibir el viático si tiene posibilidad de hacerlo. El viático es, en efecto, la preparación específica para la muerte (la unción de los enfermos sólo puede administrarse en caso de que el peligro venga de enfermedad). «La práctica constante de la Iglesia que deroga todas sus leyes ante la necesidad de administrar el viático indica claramente que el precepto es de derecho divino» [17].

Santo Tomás aduce dos argumentos a favor de la tesis: el acto redentor, cuyo memorial sacramental es la eucaristía, nos da el acceso a la gloria; por otra parte, la saciedad espiritual y la unidad eclesial, aquí simbolizadas por las especies sacramentales, sólo en el cielo tendrán su cabal realización: el *sacramentum* no tendrá plenamente su *res* sino en la consumación escatológica (III, q. 79, a. 2).

Hay que retener, pues, la afirmación tridentina:

Tesis XIX. *Communio pignus est futurae gloriae et perpetuae felicitatis* (de fide catholica).

La comunión es prenda de la gloria futura y de la eterna felicidad *(de fe católica).*

---

§ II. Necesidad y manera de comulgar.

Los efectos de la comunión eucarística, que acabamos de enumerar, revelan la importancia y la utilidad imponderables de este sacramento. Mas hay otros sacramentos que producen efectos semejantes: por consiguiente, de la necesidad de los efectos en cuestión no se sigue inmediatamente la necesidad

---

17. A. BRIDE, *Viatique*, DTC, col. 2854. Independientemente de las leyes litúrgicas, la Iglesia ya desde un principio se preocupó de facilitar a los moribundos el acceso la eucaristía mitigando en favor de ellos la disciplina canónica de la penitencia tan rigurosa en aquellos primeros siglos (concilio de Nicea, 325, can. 13, Dz 129; † 57; INOCENCIO I, *Ep.* 6, Dz 212; † 95). Por otra parte, exige también la Iglesia que no se prive del viático a los niños llegados al uso de razón (san Pío X, decreto *Quam singulari*, Dz 3536; † 2144). Acerca del sentido del viático, cf. L. BEAUDUIN, O.S.B., *Le Viatique*, LMD 15 (1948, 4) p. 117-129; A.-G. MARTIMORT, *Comment meurt un chrétien*, ibid. 44 (1955, 4) p. 13-20; léanse también las *Réflexions sur l'agonie de Notre-Seigneur*, de BOSSUET.

de ese medio particular para obtenerlos. Sin embargo, la comunión eucarística es necesaria, en el sentido y límites que vamos a precisar a continuación; luego veremos también las condiciones requeridas para acercarse a la comunión.

El antecedente básico de esta cuestión es la solemne declaración de Jesús: «En verdad, en verdad os digo que, si no coméis de la carne del Hijo del hombre y no bebéis su sangre, no tendréis vida en vosotros» (Jn 6,53).

Tal es el principio general. Los términos de su enunciado, más que una necesidad de precepto, indican una verdadera *necesidad de medio:* teniendo en cuenta que se trata, por una parte, de la vida eterna, y por otra, del alimento eucarístico, no se puede alcanzar la primera independientemente del segundo. Todo el discurso del pan de vida desarrolla esta declaración, profundamente enraizada en la doctrina joánica (cf. Jn 1,1-3). En cuanto es el memorial del sacrificio redentor y sello de la alianza entre Dios y la Iglesia, y en cuanto es don sacramental del propio Verbo encarnado, fuente de vida, la eucaristía es el medio más directo y el más fundamental para obtener la salvación y la vida: el que se desinteresa de él pone de manifiesto que no le importa mucho la *vida eterna* o que tiene una falsa idea de ella. Es más, puesto que esta vida consiste en una relación personal de conocimiento amoroso con Dios (cf. Jn 17,3), no es posible desinteresarse de la eucaristía sin rehusar dicha vida y privarse de ella.

Puede ocurrir, por el contrario, que alguien esté privado de la eucaristía, sin culpa y a pesar suyo: mientras que *rechazar* el signo implica normalmente rechazar también lo que el signo significa, no es evidente que la *privación* del signo entrañe la de la realidad significada, pues Dios «no encadena su gracia a los sacramentos» [18] de los que se sirve para comunicarla.

Santo Tomás, al tratar de la necesidad de la comunión, parte de la distinción clásica entre signo sacramental *(sacramentum)* y realidad significada *(res)*. La *res* de la eucaristía, dice

---

18. Cf. III, q. 72, a. 4, ad 1; a. 6, ad 1.

«es la unidad del cuerpo místico, sin la cual no hay salvación, pues no es posible alcanzar la salvación fuera de la Iglesia». Pero «es posible conseguir la *res* de un sacramento antes de recibirlo», mediante el deseo *(votum)* del mismo. Por consiguiente, puede alcanzarse la salvación sin la comunión sacramental, gracias al deseo de la misma, deseo que está implícitamente contenido en el mero hecho de haber recibido el bautismo: todo hombre bautizado es virtualmente un comulgante, pues la Iglesia le destina a recibir la comunión (III, q. 73, a. 3). Más adelante (q. 80, a. 11), el autor de la *Suma* se pregunta si los fieles, después de recibida una o más veces la comunión, pueden abstenerse enteramente de ella en adelante. Y responde que no es posible salvarse sin el deseo de la comunión, y que un deseo auténtico se traduce en actos cuando se presenta la oportunidad (la ley eclesiástica determina cuándo hay que comulgar).

El simbolismo de los alimentos revela suficientemente que la comunión es necesaria para sustentar nuestra vida sobrenatural, pero induciría fácilmente a creer siempre necesaria la recepción efectiva del sacramento. Santo Tomás aduce contra esa tentación la observación siguiente: los alimentos materiales sustentan nuestra vida física al convertirse en substancia de nuestro cuerpo, de ahí la necesidad de una ingestión efectiva; el alimento espiritual, por el contrario, transforma al hombre en sí (lo asimila a Cristo). «Ahora bien, puede uno transformarse e incorporarse a Cristo con el deseo espiritual, aun sin la recepción del sacramento.» Por consiguiente, la afirmación de la necesidad incondicional de comulgar sacramentalmente es insostenible (III, q. 73, a. 3, ad 2).

En definitiva, tenemos aquí un caso particular de salvación mediante la fe *viva:* la adhesión a Cristo, que es el medio indispensable para salvarse. Esta adhesión implica siempre un deseo (personal o eclesial) de la comunión, pero, debido a diversas circunstancias, tal deseo puede quedar temporal o definitivamente ineficaz. Y no por ello deja de ser suficiente.

Detallemos lo dicho en dos puntos complementarios:

I. NO HAY NECESIDAD UNIVERSAL DE COMULGAR SACRAMENTAL-
MENTE.

La recepción efectiva del sacramento sólo es absolutamente
necesaria cuando existe posibilidad de la misma. El magisterio
adopta la posición matizada de santo Tomás, en contraposición
a las diversas tendencias extremistas:

En 1341, Benedicto XII condena, entre 117 errores de los
armenios, la proposición 58.ª que invalida el bautismo no se-
guido inmediatamente de la confirmación y la eucaristía [19].

La 32.ª proposición de Rosmini, entre las 40 condenadas
en 1887 por el Santo Oficio, deducía de Jn 6,53, una necesidad
tan absoluta de la comunión, que obligaba a suponer que los
justos que no hubieran podido recibirla en la presente vida
la tendrían que recibir más allá de la tumba [20].

El texto más importante es el del concilio de Trento, sesión
XXI, cap 4 y can. 4 [21]: en él queda *definido* como verdad de
fe que la comunión eucarística *no es necesaria a los niños* antes
que lleguen a los años de la discreción. Se admite que en los
primeros siglos pudieron tener motivos suficientes para dar la
comunión a los pequeñuelos, pero no por necesidad de medio.
Sin llegar hasta presentar el bautismo como incluyendo el deseo
de la comunión, el concilio afirma que los niños «regenerados
por el agua del bautismo e incorporados a Cristo, no pueden
en aquella edad perder la gracia de la filiación adoptiva ya al-
canzada». Estamos, pues, autorizados para decir lo siguiente:

Tesis XX. *Sacramentalis in re communio nec per se nec vi praecepti divini est omnibus necessaria ad salutem consequendam* (de fide catholica).	La comunión sacramental efectiva no es absolutamente necesaria a todos para la salvación eterna, ni por sí misma, ni en virtud de un precepto divino *(de fe católica).*

19. Dz 1016; † 542.   20. Dz 3232; † 1922.
21. Dz 1730.1734; † 933.937. Cf. F. CAVALLERA, *L'interprétation du chapître VI de saint Jean. Une controverse exégétique au Concile de Trente*, RHE, 1909, p. 687ss; Id., *La communion des «parvuli» au Concile de Trente*, BLE, 1935, p. 97-132.

II. NECESIDAD DE LA COMUNIÓN EN LOS ADULTOS.

Después de rechazar las exageraciones de la necesidad, guar démonos de minimizarla: no es igual el caso de los adultos que el de los niños; a aquéllos se dirigía Jesús cuando declaraba la necesidad de la comunión. Aquel que en el pleno uso de su libertad y teniendo el debido conocimiento de él se aparta voluntariamente del sacramento no puede por menos de rechazar la vida eterna. Pero puede acontecer que, deseando realmente comulgar, se halle en la imposibilidad de hacerlo y no pueda suprimir dicha imposibilidad: entonces comulga espiritualmente [22].

El magisterio no se ha visto obligado a pronunciarse con firmeza a favor de la necesidad de la comunión, por no haberse dado en general fuertes resistencias en contra. Cabe resaltar con todo un párrafo de la encíclica *Mirae caritatis* de León XIII (28 de mayo de 1902) [23] y las consideraciones de Pío X en su decreto sobre la comunión frecuente (16 diciembre de 1905). La doctrina principal de la Iglesia sobre este particular la hallamos en su misma práctica, que concretiza dicha necesidad bajo precepto grave. A partir del concilio IV de Letrán (1215) el ritmo mínimo prescrito es el de la comunión pascual [24], precepto ratificado por el concilio de Trento [25] y por el derecho canónico (can. 859) [26].

En cuanto a los fundamentos de dicha necesidad, se han indicado ya en la introducción del presente § 2. Podemos, pues, concluir:

---

22. Dz 1648; † 881.
23. Dz 3360.
24. Dz 812-813; † 437.
25. Dz 1659; † 891.
26. Nótese que el canon 859 prevé el caso en que un motivo razonable *(aliqua rationabilis causa)* puede dispensar a un cristiano temporalmente de la comunión pascual, con la venia del propio confesor o párroco *(proprius sacerdos)*. La obligación especial de recibir el viático la hemos indicado antes, p. 154s.

| **Tesis XXI.** *Necessitate medii adultis necessaria est sacramentalis communio in re vel in voto accepta* (certum). | La comunión sacramental es necesaria a los adultos con necesidad de medio, sea efectiva, sea de deseo *(cierto)*. |

Nos falta examinar ahora las modalidades rituales y las condiciones espirituales que requiere normalmente la comunión.

III. ¿COMUNIÓN BAJO LAS DOS ESPECIES O BAJO UNA SOLA ESPECIE?

Los apóstoles en la cena comulgaron bajo las dos especies, y lo mismo hicieron después de ellos los cristianos de los primeros siglos. Esta costumbre se ha conservado fielmente en los ritos orientales y fue restablecida por la reforma protestante.

La comunión bajo la sola especie del pan aunque no tan frecuente, no por ello es menos antigua: en tiempo de persecución, los confesores de la fe recluidos en la cárcel debían contentarse, por motivos de comodidad, con esta sola forma de comunión. La liturgia de presantificados, común a Oriente y Occidente, y que se remonta por lo menos al siglo IV, sólo utiliza el pan consagrado.

Fue en la edad media cuando cayó en desuso entre los simples fieles la comunión bajo las dos especies, en la Iglesia latina. Y fue por motivos de orden práctico, no dogmático [27]: escasez del vino en los países nórdicos, peligro de contagio en tiempo de epidemias, riesgo de verter la preciosa sangre...

Ya a comienzos del siglo XV, los discípulos de Juan Huss [28] declararon necesario el retorno al uso primitivo de la comunión

---

27. El concilio regional de Clermont del 1095 (can. 28) exige aún, en principio, la comunión bajo las dos especies; pero santo Tomás atestigua el paso, en Occidente, de la antigua costumbre a la nueva: III, q. 80, a. 12 («multarum ecclesiarum usus,... in quibusdan ecclesiis»).

28. Pero no él mismo: cf. P. DE VOOGHT, *Huss et Hussites*, en *Catholicisme*, 1110 y 1112.

bajo las dos especies. El concilio de Constanza, en su sesión
XIII (1415), condenó este error. Aunque reconoce la antigüedad
de la comunión bajo las dos especies, enseña formalmente la
legitimidad del uso adoptado por la Iglesia romana de reservar
al celebrante el uso de la copa eucarística [29]. A este propósito
recuerda que bajo cada una de las dos especies está presente
todo Cristo [30]. Contra la Reforma protestante, el concilio de
Trento reiteró dicha condenación y reafirmó la doctrina católica sobre el particular, brevemente en la sesión XIII (cap. 3 y
can. 3) [31], y con más insistencia en la sesión XXI (cap. 1 al 3
y can. 1 al 3) [32]. Los puntos dogmáticamente definidos son los
siguientes:

1) No hay ninguna necesidad, ni de medio ni de precepto,
de que *todo fiel* comulgue bajo las dos especies.

2) Bajo la sola especie de pan se recibe a Cristo en su integridad. Además el concilio anatematiza a los que dijeren que
la Iglesia (latina) no fue movida por justas causas y razones
a reservar sólo al celebrante el uso del cáliz, o que erró en ello.
Los capítulos desarrollan y justifican esa toma de posición:
al instituir la eucaristía bajo las dos especies, Cristo no intentó
obligar a todos los fieles a comulgar bajo ambas especies, y si
algunos versículos del discurso del pan de vida exigen comer
la carne y beber la sangre, en otros sólo se habla del *pan* (cap. 1).
La Iglesia tiene facultad para determinar y ordenar las modalidades de la administración de los sacramentos, en vista a una
mayor eficacia pastoral, permaneciendo inmutable la substancia de los mismos; y «llevada de graves y justas causas», la
Iglesia latina determinó establecer la comunión bajo la sola
especie de pan (cap. 2). Por último, Cristo, autor de toda gracia,
se da todo entero bajo una sola especie como bajo las dos, por
tanto el uso latino no priva a los fieles «de ninguna gracia necesaria para la salvación» (cap. 3).

---

29. Dz 1198-1200.1268; † 622.668.
30. Cf. supra, p. 141.
31. Dz 1639-1641.1653; † 876.885.
32. Dz 1726-1729.1731-1733; † 930-932.934-936.

En 1564 (continuando aún la celebración del concilio), Pío
IV concedió el uso del cáliz a los fieles del imperio germánico;
las ventajas de tal concesión, atendidas las circunstancias del
momento, pareció que compensaba los inconvenientes de orden
pastoral que habían motivado su prohibición en la Iglesia latina. Con ello, por supuesto, no se desmentía la doctrina de la
sesión XXI (celebrada dos años antes, durante el mismo ponti-
ficado). Dicha concesión sólo se mantuvo durante veinte años
en Austria, y en Bohemia no fue revocada hasta el 1621 [33].

El canon 852 del *Código* reserva el uso del cáliz al sacerdote celebrante; pero, hoy en día, admitida por el concilio
Vaticano II *(Sacrosanctum Concilium,* n.º 55) la posibilidad de
que los fieles comulguen bajo las dos especies, el *Ritus servan-
dus in distribuenda communione sub utraque specie,* de 7 de
marzo de 1965, enumera los casos concretos en que puede realizarse. Los fieles latinos que asisten a una misa de rito oriental,
pueden comulgar en ella, conforme a dicho rito, bajo las dos
especies, y viceversa (can. 866, § 1).

Podemos resumir en los siguientes términos la doctrina conciliar:

Tesis XXII. *Excepto sacerdote ce-lebrante, fideles nec Dei praecepto neque necessitate salutis tenentur sub utraque specie communicare* (de fide catholica).	A excepción del sacerdote cele-brante, los fieles no están obliga-dos, ni por precepto divino, ni por necesidad de salvación, a reci-bir la comunión bajo las dos es-pecies *(de fe católica).*

El ejemplo de Pío IV y la tradición oriental nos invitan a
recordar otra verdad complementaria de la precedente, a saber,
que, salvo razones decisivas que aconsejen lo contrario, siem-

---

33. Cf. G. Constant, *La concession à l'Allemagne de la communion sous les deux espèces. Étude sur les débuts de la réforme catholique en Allemagne (1548-1621),* Bibl. des Écoles franç. de Rome et d'Athènes, 1923.

pre es de desear la concesión para todos los fieles de la comunión bajo ambas especies, más conforme con la institución inicial y con la tradición, más favorable a la unidad cristiana, más cabalmente significativa del don divino. Los peligros de epidemia no son tan temibles hoy como en la edad media, y debería hallarse el modo de obviarlos lo mismo que los demás inconvenientes que trae consigo la comunión bajo las dos especies.

IV. DISPOSICIONES REQUERIDAS PARA PODER COMULGAR [34].

Las diversas condiciones requeridas para una comunión válida y lícita son estudiadas en el tratado de los sacramentos en general, al cual remitimos al lector.

Por lo que se refiere a la *edad precisa* para comulgar, la disciplina latina exige el uso de razón efectivo, o por lo menos, en peligro de muerte, la capacidad de discernir la eucaristía de otro cualquier alimento y de adorarla (can. 854, § 2) [35].

Detengámonos un momento a considerar las disposiciones espirituales necesarias, empezando por observar que, a diferencia de los demás sacramentos, no es posible recibir la comunión sin que esa recepción resulte fructuosa, puesto que su *res et sacramentum* no afecta al sujeto, sino a la *materia* (que, como es sabido, consiste en la presencia sacramental de Cristo). El que recibe la comunión de manera *gravemente* ilícita, comulga infructuosamente (porque su comunión es sacrílega) y por consiguiente inválida; no precisamente en el sentido de que

---

34. El ayuno eucarístico ha sido notablemente mitigado por las disposiciones de los últimos papas (Pío XII, Juan XXIII y Paulo VI), pero la conveniencia del mismo queda atestiguada por la gravedad del precepto que lo impone. Cf. A. BRIDE, *Le jeûne eucharistique. Où est la discipline?*, en AmiCl., 24 octubre 1963, p. 628-638. Por lo que se refiere a la continencia conyugal, el decreto *Sacra Tridentina Synodus*, de san Pío X evita hasta el recomendarla (Dz 3238,3379.3383; † 1928.1985.1989, confróntese con el decreto *Cum ad aures*, de 1679, Dz 2090-2092; † 1147); sólo depende, por consiguiente, de la ascesis personal de los cónyuges.
35. El principal documento es el decreto *Quam singulari* de san Pío X (8 de agosto de 1910); cf. L. ANDRIEUX, *La première Communion. Histoire et discipline. Textes et documents. Des origines au XXᵉ siècle*, Beaucresne, 1911; DOUAIS, *La Communion des enfants*, col. «Sc. et Relig.», n.º 662, Bloud, 1913.

Cristo no le sea realmente dado bajo las especies sacramentales (el estado de pecado no suprime la presencia sacramental de Cristo), sino porque él, pecador impenitente, no recibe plenamente el significado del sacramento que consume [36].

Por consiguiente, las disposiciones espirituales del sujeto condicionan totalmente el valor de su acto sacramental: aquí importan lo máximo dichas disposiciones.

1. *Estado de gracia.*

La más indispensable de todas las disposiciones para acercarse a este sacramento de vivos es el *estado de gracia*. El concilio de Trento lo enseña formalmente en su sesión XIII (cap. 7 y can. 11) [37]. A este propósito define que la fe sola no es una disposición suficiente, y promulga la obligación, para los que están en pecado mortal, de reconciliarse con Dios mediante *el sacramento de la penitencia* antes de acercarse a recibir la comunión (salvo el caso de imposibilidad de encontrar un confesor). El canon 856 del Código reitera dicha obligación, que precisa las exigencias formuladas por san Pablo en 1Cor 11, 27-29, pero que al parecer sólo es de derecho eclesiástico [38].

Para poder acercarse a recibir la comunión con sólo un acto de contrición perfecta, el que cometió ciertamente un pecado mortal debe hallarse en la necesidad moral de comulgar (trance de muerte, o peligro próximo de profanación de las santas especies, o también verdadera ocasión de escándalo o de difamación si se abstiene de comulgar en la circunstancia) y en la imposibilidad práctica de confesarse (carencia de confesor presente o gravísima dificultad moral de confesar el pe-

---

36. Por eso precisamente no se admite la «reviviscencia» del sacramento de la eucaristía, y la Iglesia ordena (can. 861) que se repita la comunión pascual si se comulgó sacrílegamente. Acerca del trasfondo doctrinal de todas esas cuestiones, cf. H. DE LUBAC, *Corpus Mysticum*, ²1949, p. 289-290.

37. Dz 1646-1647.1661; † 880.893.

38. «Praeceptum hoc confessionis... potius videtur ecclesiasticum ex verbis can. 11: *Statuit atque declarat Sancta Synodus*» (E. F. REGATILLO, *Theologiae Moralis Summa*, t. III, Madrid 1945, p. 238, n.° 324.

cado en cuestión a *tal* confesor). El que hubiere comulgado en esas condiciones, queda obligado a confesarse de su anterior pecado en la próxima confesión.

Si un sacerdote hubiera de celebrar hallándose en un caso semejante, queda obligado a confesarse lo más pronto posible (can. 807).

2. *Suficientes conocimientos religiosos.*

Se requieren además los suficientes conocimientos religiosos para la cabal inteligencia de los signos sacramentales. El Código estipula que, salvo el caso de peligro de muerte, los mismos niños, antes de ser admitidos a la comunión, «deben conocer, en cuanto les sea posible, aquellos misterios, por lo menos, cuyo conocimiento es necesario para la salvación» (can. 854, § 3).

Puesto que la salvación queda asegurada, en el plano sacramental, por el bautismo y la orientación a la eucaristía implicada en el mismo, es preferible evitar una comunión poco decorosa y asegurar a dicho acto toda su calidad espiritual. Tratándose de comunión con Cristo, de entera adhesión a su persona, la Iglesia tiene sobrados motivos para exigir que el que se acerca a recibir la eucaristía conozca quién es Jesucristo, qué nos procura, y cómo su misma persona y su salvación nos son dados mediante los signos sacramentales.

3. *Devoción y recta intención.*

La devoción y una intención recta son no menos requeridas por la naturaleza misma del más sublime de los actos sacramentales; ambas están prescritas, la primera (a propósito de los niños) por el can. 854, § 3, la segunda por el decreto *Sacra Tridentina Synodus* de la Sagrada Congregación del Concilio (20 de diciembre de 1905) sobre la comunión frecuente. Dicho texto pontificio explica: «La recta intención consiste en que quien se acerca a la sagrada mesa, no lo haga por rutina, por vanidad o por respetos humanos, sino para cumplir la voluntad de Dios, unirse más estrechamente con él por la caridad y remediar las propias flaquezas y defectos con esa divina medicina» [39].

Ciertamente, ese grado de explicitación sólo puede exigirse de quienes comulgan con frecuencia, pero no se ve cómo sería posible comulgar «devotamente» (can. 854, § 3, y 863) sin una intención globalmente de acuerdo con esa descripción, al menos, de un modo confuso.

Es precisamente uno de los rasgos más originales y a la vez más conformes con la tradición [40] antigua, del decreto *Sacra Tridentina Synodus,* no exigir para la comunión frecuente y cotidiana otras disposiciones esenciales que el estado de gracia y la recta intención, necesarias ya, de suyo, para toda comunión (n.º 1 y n.º 3 del dispositivo) [41]. Mas, esta intención (responder al designio de Dios uniéndose más íntimamente con él por la caridad y corrigiendo los propios defectos) dispone al que comulga a recibir mejor el don de Dios y a facilitarle la más plena eficacia en la propia vida mediante el concurso del confesor (n.ºs 2-5). Por consiguiente, la inexistencia del progreso espiritual pone en tela de juicio el valor real de la intención o la seriedad de la práctica eucarística, pues la eficacia *ex opere operato* del sacramento no depende de un funcionamiento automático [42].

39. Cf. Dz 3379-3380; † 1985-1986. El canon 863 remite a los decretos de Pío x de 1905 y de 1910.

40. Véase, por ejemplo, san Ambrosio, *De sacramentis* v, 25; Casiano, *Collationes* xxiii, 21, y la fórmula lapidaria en que san Agustín resume tal posición: «Cibus est, non merces», *Serm.* 56,6,10.

41. Dz 3379.3381; † 1985.1987.

42. Cf. H. Holstein, *La communion fréquente,* «Christus», n.º 32, octubre 1961, p. 481-495. La historia, larga y compleja, de la comunión frecuente ha sido objeto de numerosos estudios; J. Dühr, S.I., presenta una excelente síntesis de los mismos: art. *Communion fréquente,* DS, col. 1234-1292. Véase compilación de textos: P. Bröwe, *De frequenti communione in Ecclesia Occidentali usque ad A.D. 1000,* Roma Univ. Gregor., 1932, y P. Dudon, *Pour la communion fréquente et quotidienne (de 1557 à 1910),* Beauchesne, 1910. Entre los testimonios de la tradición, véase el hermoso texto de san Agustín. *Ep.* 54 (PL 33,201), y el admirable comentario de santo Tomás, iii q. 80. a. 10, ad 3.

Terminemos, pues, con las siguientes tesis:

Tesis XXIII. *Valide communicare potest omnis et solus iustus baptizatus* (de fide catholica).

Todo justo bautizado, y sólo él, puede comulgar válidamente *(de fe católica)*.

Tesis XXIV. *Ad licitam autem et dignam communionem praeter statum gratiae requiruntur in subiecto capaci sufficiens mysteriorum notitia rectaque intentio* (certum) [43].

Para comulgar lícita y dignamente se requieren, en un sujeto capaz, además del estado de gracia, un conocimiento suficiente de los misterios y una intención recta *(cierto)*.

---

43. Cabe notar que el Santo Oficio condenó en 1690 las exigencias excesivas de los jansenistas: haber hecho penitencia en la medida de las propias fuerzas, amar a Dios con un amor enteramente puro (Dz 2322.2323; † 1312.1313).

ÍNDICES

LISTA DE TESIS

In ultima coena Christus Corpus et Sanguinem suum sub speciebus panis et vini Deo Patri obtulit, ac sub eisdem symbolis apostolis (quos tunc Novi Testamenti sacerdotes constituebat) ut sumerent tradidit ; quod sacrificium et sacramentum multoties iterandum instituit in Ecclesia (de fide catholica).

En la última cena, Cristo ofreció a Dios Padre su cuerpo y su sangre bajo las «especies» de pan y de vino, bajo esos mismos símbolos se los dio a sus apóstoles (que constituía entonces sacerdotes del Nuevo Testamento) para que los consumiesen ; este sacrificio y sacramento fue instituido por él para que se renovara muchas veces en la Iglesia *(de fe católica).*

Ab initio, decursuque saeculorum apertius, docet Ecclesia Eucharistiam esse Christi sacrificium verum ac mysticum, quo panis et vinum fiunt Corpus et Sanguis Domini, et ex quo communicantes accipiunt peccatorum remedium, unitatisque signum ac ae-

Desde un principio y cada vez con mayor claridad a lo largo de los siglos, la Iglesia enseña que la eucaristía es el verdadero y «místico» sacrificio de Cristo en que el pan y el vino se convierten verdaderamente en el cuerpo y sangre del Señor. y mediante la

ternae vitae cibum (historice certa).

comunión de los mismos se recibe el remedio por los pecados, el signo de la unidad y el alimento de la vida eterna *(históricamente cierto)*.

Tesis III 88

In missa offertur Deo verum et proprium sacrificium Christi per commemorationem et repraesentationem Sacrificii semel in cruce peracti (de fide catholica).

En la misa se ofrece a Dios el verdadero y propio sacrificio de Cristo, mediante la conmemoración y representación del sacrificio realizado una sola vez en la cruz *(de fe católica)*.

Tesis IV 92

In sacrificio missae Christus est principalis sacerdos et hostia (de fide catholica).

En el sacrificio de la misa, Cristo es el principal sacerdote y la víctima principal *(de fe católica)*.

Tesis V 93

Minister sacrificii missae est solus sacerdos valide ordinatus (de fide catholica).

El ministro del sacrificio de la misa sólo puede ser un sacerdote válidamente ordenado *(de fe católica)*.

Tesis VI 94

Cum Christo et ministro offert et offertur Ecclesia universa (fidei proxima).

Juntamente con Cristo y el ministro, la Iglesia entera se ofrece y es ofrecida *(próximo a la fe)*

Tesis VII 96

Sacrificii et sacramenti eucharistici «materia est panis triticeus et vinum de vite, cui ante consecra

El sacrificio y sacramento eucarísticos tienen como «materia» pan de trigo y vino de vid, al que

tionem aqua modicissima admisceri debet» (de fide catholica).

debe mezclarse antes de la consagración una muy pequeña cantidad de agua *(de fe católica).*

Tesis VIII 98

Forma huius sacramenti sunt verba Salvatoris, quibus hoc confecit sacramentum (de fide catholica).

La forma de este sacramento son las palabras con las cuales el Salvador consagró dicho sacramento *(de fe católica).*

Tesis IX . . . . : 100

Sacrificium eucharisticum essentialiter perficitur gemina consecratione (certum).

El sacrificio eucarístico se realiza esencialmente por la doble consagración *(cierto).*

Tesis X 111

Missa est sacrificium latreuticum quidem et eucharisticum, sed etiam impetratorium ac pro vivis defunctisque propitiatorium (de fide catholica).

La misa es un sacrificio de adoración y de acción de gracias mas también de impetración y de propiciación por los vivos y difuntos *(de fe católica).*

Tesis XI 124

In Eucharistia vere, realiter et substantialiter adest Corpus et Sanguis, una cum anima et divinitate Domini nostri Iesu Christi ac proinde totus Christus (de fide catholica).

En la eucaristía están verdadera, real y substancialmente presentes el cuerpo y sangre juntamente con el alma y divinidad de nuestro Señor Jesucristo, y, por tanto, Cristo todo entero *(de fe católica).*

Tesis XII 138

Post eucharisticam consecrationem non remanet substantia panis et vini, cum tota substantia panis

Después de la consagración eucarística nada queda de la substancia del pan y del vino, pues

convertatur in Corpus Christi, totaque substantia vini in Sanguinem Christi, manentibus dumtaxat speciebus panis et vini. Illam autem conversionem catholica Ecclesia aptissime transsubstantiationem appellat (de fide catholica).

toda la substancia del pan se convierte en cuerpo de Cristo y toda la substancia del vino en sangre de Cristo, permaneciendo solamente las especies del pan y del vino. Conversión que la Iglesia católica llama aptísimamente transubstanciación *(de fe católica).*

Tesis XIII 143

Totus Christus in Eucharistia praesens est sub unaquaque specie, sub singulis cuiusque speciei partibus, separatione facta (de fide catholica).

En la eucaristía todo Cristo está presente bajo cada una de las especies y en cada una de las partes de cada especie después de la separación *(de fe católica).*

Tesis XIV 144

Peracta consecratione, statim adest Christus, remanetque verum Corpus eius in hostiis seu particulis consecratis quae post communionem reservantur vel supersunt (de fide catholica).

Inmediatamente después de realizada la consagración Cristo se hace presente y su verdadero cuerpo permanece en las hostias o partículas consagradas que quedan después de la comunión o se conservan en la reserva *(de fe católica).*

Tesis XV 145

In Eucharistiae sacramento Christus unigenitus Dei Filius est cultu latriae etiam adorandus (de fide catholica).

En el sacramento de la eucaristía, Cristo, Hijo único‍ de Dios, debe ser adorado con culto de latría no sólo interno sino también externo *(de fe católica).*

Tesis XVI 151

Fideles recte communicantes Christum manducant sacramentaliter,

Los fieles que comulgan como es debido comen sacramentalmente a

suamque cum illo unionem augent, accipientes augmentum gratiae et caritatis (de fide catholica).	Cristo y acrecientan su unión con él, recibiendo un aumento de gracia y de caridad *(de fe católica).*

Communione, usu scilicet Ecclesiae convivii, seu sacramenti uni:atis in Christo, confirmatur mutua Ecclesiae membrorum unio (fidei proximum).	Por la comunión, o sea, por la participación en el banquete de la Iglesia, o sacramento de la unidad en Cristo, se refuerza la mutua unión entre los miembros de la Iglesia *(próximo a la fe).*

Communione liberamur a culpis quotidianis et a peccatis mortalibus praeservamur (fidei proximum).	Por la comunión somos purificados de nuestras faltas diarias y preservados del pecado mortal *(próximo a la fe).*

Communio pignus est futurae gloriae et perpetuae felicitatis (de fide catholica).	La comunión es prenda de la gloria futura y de la eterna felicidad *(de fe católica).*

Sacramentalis in re communio nec per se nec vi praecepti divini est omnibus necessaria ad salutem consequendam (de fide catholica).	La comunión sacramental efectiva no es absolutamente necesaria a todos para la salvación eterna, ni por sí misma ni en virtud de un precepto divino *(de fe·católica).*

Necessitate medii adultis necessaria est sacramentalis communio in re vel in voto accepta (certum).	La comunión sacramental es necesaria a los adultos con necesidad de medio, sea efectiva, sea de deseo *(cierto).*

Excepto sacerdote celebrante, fideles nec Dei praecepto neque necessitate salutis tenentur sub utraque specie communicare (de fide catholica).

A excepción del sacerdote celebrante, los fieles no están obligados, ni por precepto divino, ni por necesidad de salvación, a recibir la comunión bajo las dos especies *(de fe católica).*

Valide communicare potest omnis et solus iustus baptizatus (de fide catholica).

Todo justo bautizado, y sólo él, puede comulgar válidamente *(de fe católica).*

Ad licitam autem et dignam communionem praeter statum gratiae requiruntur in subiecto capaci sufficiens mysteriorum notitia rectaque intentio (certum) [43].

Para comulgar lícita y dignamente se requieren, en un sujeto capaz, además del estado de gracia, un conocimiento suficiente de los misterios y una intención recta *(cierto).*

ÍNDICE DE REFERENCIAS BÍBLICAS

Baciocchi 12

ÍNDICE DE NOMBRES PROPIOS

ÍNDICE ANALÍTICO [1]

---

1. Este índice sólo tiene por objeto completar el índice sistemático que encabeza este volumen y donde pueden hallarse cómodamente, en su lugar lógico, todas las materias tratadas.

Una auténtica enciclopedia litúrgica, totalmente puesta al día

A. G. MARTIMORT

LA IGLESIA
EN ORACIÓN

Introducción

a la

liturgia

Segunda edición, revisada

La iniciativa adoptada por la Santa Sede, de restaurar en conjunto la liturgia, iniciativa cuyos primeros actos jalonan estos quince últimos años y cuyos principios fundamentales de reforma, después de aprobados en la segunda sesión del Concilio Vaticano II, se hallan ya formulados en la Constitución conciliar sobre sagrada liturgia y en el *motu proprio* de S.S. Paulo VI, referente a ella, será mejor comprendida por el clero y por los fieles si se les facilita el modo de situarla en una perspectiva histórica general de la oración de la Iglesia.

El pasado no vuelve nunca a repetirse; no obstante, su estudio ayuda a descubrir, más allá de las situaciones y de los usos, las exigencias del depósito recibido del Señor. Desde este punto de vista no es ya posible confinarse en el estudio exclusivo de la liturgia romana. Por ello, el presente manual concede a los otros ritos el puesto que desde León XIII y Pío XI reclama para ellos la Santa Sede.

Un tomo de Biblioteca Herder, de 1012 páginas, 14,4 × 22,2 cm.

LOUIS BOUYER

EUCARISTÍA

Teología y espiritualidad de la oración eucarística

Este libro se ha escrito para invitar a los lectores a un viaje
de redescubrimiento. Su propósito es seguir, paso a paso, la
floración progresiva de la eucaristía cristiana. Trata de lo que
ocupa precisamente el centro de la liturgia eucarística, lo que
se llama en Oriente la anáfora, que une inseparablemente los
equivalentes de nuestro prefacio y de nuestro canon romanos.
Persigue la inteligencia de lo que hay de común y de fundamental en sus formas diversas, y no menos el sentido del des-
arrollo de esta célula madre del culto cristiano.

El libro es producto de una vida de estudios, pero se da
el caso de que su aparición tiene lugar precisamente en un
momento en el que la inteligencia de la oración eucarística
tradicional, y en particular el canon de la misa romana, es más
actual que nunca.

Es propósito del autor contribuir al resurgimiento litúrgico de que somos testigos en nuestros días y restar, a la vez,
ánimos a la anarquía ignorante y pretenciosa que podría ser
su ruina.

Un tomo de Biblioteca Herder, de 496 páginas, 14,4 × 22,2 cm.